モリスの
愛した村

イギリス・コッツウォルズ紀行

齋藤公江

晶文社

ブックデザイン　晶文社装丁室

モリスの愛した村　目次

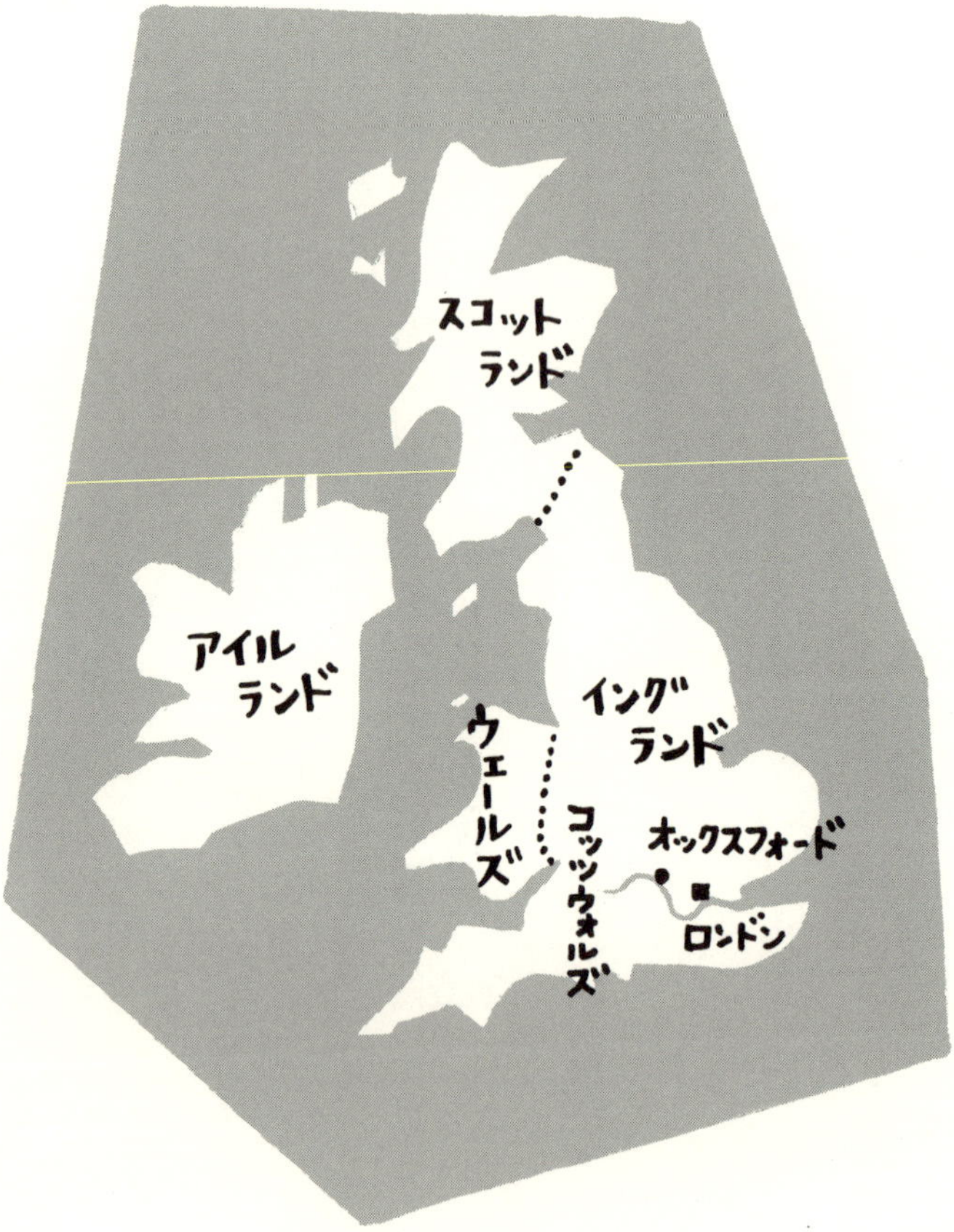

スコットランド
アイルランド
イングランド
ウェールズ
コッツウォルズ
オックスフォード
ロンドン

モリスの愛した村

挿画・地図　澤智子

はしがき

いまから約三十五年ほど昔のことだったでしょうか。東京の紀伊国屋書店で「洋書フェアー」なるものが開催されたとき、おびただしい数の洋書のなかで、どういう訳か一冊の薄い本が目にとまりました。鮮やかな緑色の地色に、動物のようなパターンがしなやかで、しかもくっきりとしたラインで浮かび上がるように描かれている表紙の本でした。猫のような形をした動物です。思わず手にとり買いもとめましたが考古学の本だったのです。

それから約五年後に私は英国の大学町、オックスフォードに居りました。或る日「丘歩き」に誘われたのですが、なにも知らずに登った丘の足元に、その「猫」がいたのです。本を買って読んだのですから、それは猫ではなく、白馬だということは分っていたのですが、最初の印象が離れず、その動物はいつまでも私の頭の中では猫でした。しかし友人たちの説明で、そこが「白馬の谷」という名称の丘であることが分り、猫ははっきりと馬にかわりました。しかし英国に行って間もないうちに訪れた場所が、紀伊国屋で惹かれたあの本の、表紙の動物の丘であったことに大変おどろかされました。

やがて大阪芸術大学に勤務するようになり、詩の担当者としてウィリアム・モリスの共同研究に誘っていただきました。そこで、モリスについてくわしく調べているうちに更に驚きました。あの「白馬の谷」はモリスの一番好きな場所だったのです。そこはソールズベリーのストーンヘンジにまで通じる山稜の一端で、有名な磁場でもあるそうです。あの洋書フェアーで「白馬」（猫は私の意識から一掃されました）に出会ってから、あの磁場が発する不思議な力が私をウィリアム・モリスという偉大な人物に会わせてくれたのではないか、と思うほどです。そこでモリスが生涯愛したコッツウォルズ周辺の地域をモリスを偲んで廻り、紀行文を書いてみることにしました。

大阪芸術大学の同僚たちの協力でうつくしい映像と音楽も完成し、DVDという形で本と一緒に出版できることになりました。モリスの生涯愛した地域をどうぞゆっくりとご鑑賞ください。このDVDはロンドンのウィリアム・モリス協会と、ケルムスコット・マナー（古建築物保護協会）の協力により制作されたことをお伝えし、ふたつの協会に感謝する次第です。また制作にあたり、施設等を惜しみなく使わせてくださいました大阪芸術大学と同僚の先生方、また副手の皆さまに心より感謝します。

最後に、「アーツ・アンド・クラフツとセツルメント」問題についてお教えをうけ、ナレーション等に関しても筆を入れて、間違いを正して下さいました大阪大学の藤田治彦先生には、言葉に尽くせぬ感謝の念で一杯です。なにしろ私の「アーツ・アンド・クラフツ」は一昨年、藤田先生の御授業ではじめて理解できたことなのです。「セツルメント」問題を教えてくださいましたのも先生です。ありがとうございました。

平成十六年九月吉日

齋藤公江

序　ケルムスコット・マナー

僕は妻と子供たちのために家を探していたのだが僕の目がどこに向いたと思うかい。ケルムスコットさ。ラドコット橋の二マイル上流で、この世の楽園。ウォーター・イートンみたいなエリザベス朝の古い石の家で、それになんと庭ときたら川に接していて、ボート小屋もなにもかも手近にあるんだ。ロセッティと妻を連れて日曜日にまた見に行く積もりだ。なぜロセッティかというと、もし事がうまく運べば僕たちとその家を共用したいと彼は思っているからなんだ。

壁紙などのデザインで良く知られているウィリアム・モリス（一八三四―一八九六）は文学者、工芸家、社会主義者として十九世紀、英国ヴィクトリア朝を代表する人でした。環境問題にもおおきな貢献をしました。特に、英国の自然環境や景観、さらに歴史的建造物などの保護や保存をおこなっている民間団体、ザ・ナショナル・トラスト協会の前身、カール協会創設にも協力し、自然環境保護のために先駆的役割を果したのです。また歴史的に大切な建造物をおかしな修復から守るために一八七七年には古建築物保護協会の設立をおこなうなど多面的な才能を発揮しました。

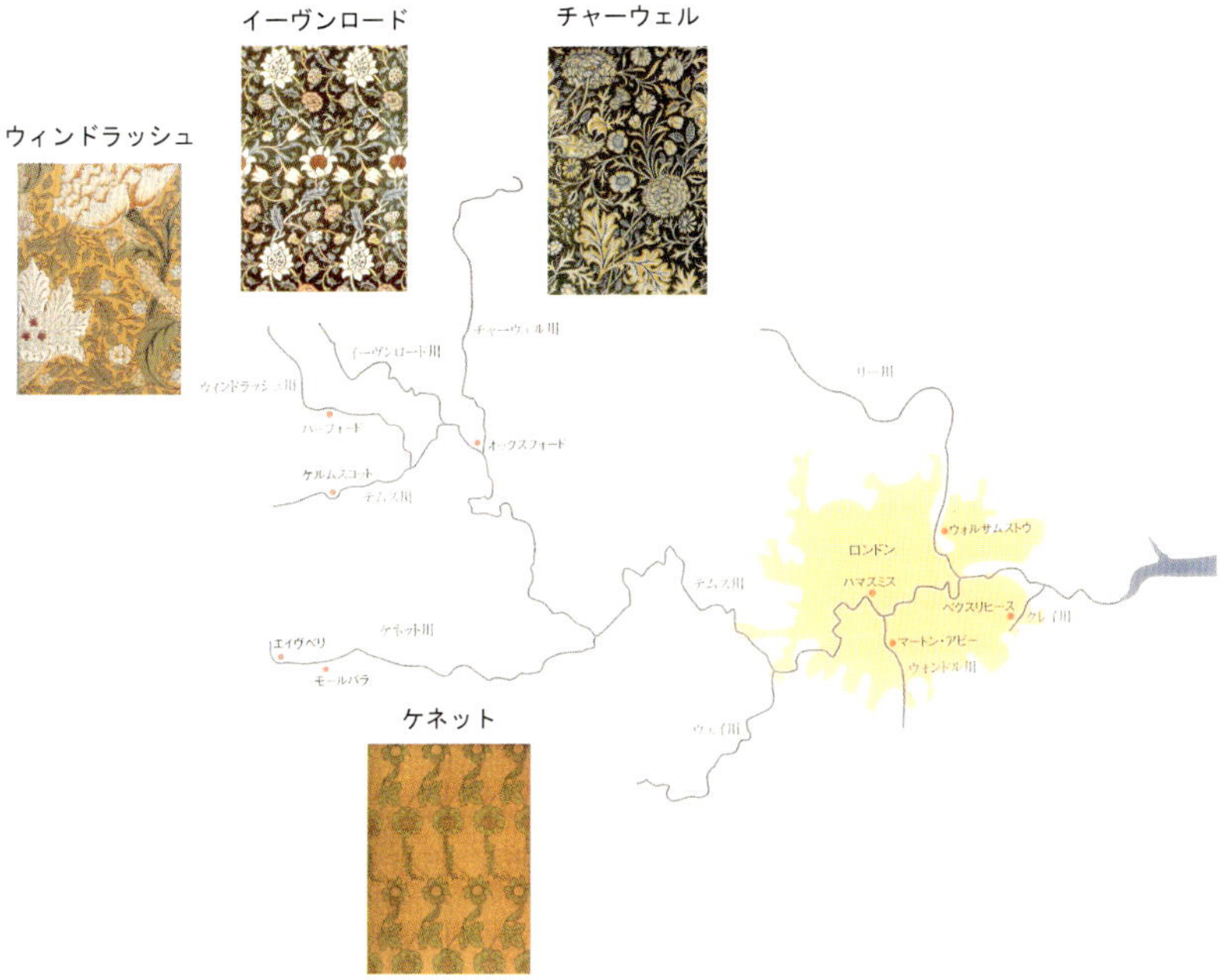

コッツウォルズの川とパターン・デザイン
（図版は藤田治彦「ウィリアム・モリス・テムズ紀行」
ＦＲＯＮＴＯ⑫より一部転載）

いまではアーツ・アンド・クラフツ運動の父として、労働のよろこびと手づくりのうつくしさを主張し、実践したデザイナーとして一番良く知られているでしょう。

英国ヴィクトリア朝時代は産業革命後の社会的弊害からまだ抜け切ることのできない時代で、数多くの問題をかかえていた時代でしたが、逆にあたらしいものもつぎつぎにうまれました。絵画においてもラファエル前派のような画風の絵がうまれましたが、モリスもその画家たちのひとりであった時期がありました。

ラファエル前派は画家で詩人のダンテ・ガブリエル・ロセッティ（一八二八―八二）たちによって誕生しました。モリスはロセッティをとおして妻ジェイン（一八三九―一九一三）と知りあったのですが、結婚後もロセッティとジェインとの関係はつづき、モリスにとってしばらく苦しいときがつづきました。

ヴィクトリア朝という道徳的にも厳しい社会のなかで子供たちのことを考えて離婚はできなかった、と考えるのが一般の意見です。ともかく最後まで表向きは良い家庭を保ってはいたのですが、モリスとジェインの関係は実際にはどうであったのかいまも謎につつまれたままです。モリスがなんらかの事情により、ジェインとロセッティとの関係を最初から容認していたのではないかなどと考える向きもあるらしいのですが、はっきりしたことはなにも分っていません。

ジェインはモリスが家族のための夏の家を探していたその当時、健康を損ねてまだ完全には回復していませんでした。それとジェインはオックスフォードで生まれ育ったため、ロンドンのような大都会に住むことには耐えられなかったらしいのです。妻と子供たちのためにせめて夏の期間だけでも田舎の家があったら、というのがモリスの気持ちであったでしょう。

それにモリス自身も、かつては王室の狩猟場であったロンドン郊外のエッピングの森を友として育ち、教育はウィルトシャーのモールバラ校からオックスフォード大学のエクセター・コレッジと豊かな緑のなかで過ごしています。とりわけ魚釣りが好きだったモリスは幼いときからエッピングの森の中を流れる川と戯れながら育ちましたから、緑滴る木々のなかを流れる川のある風景がモリスの原風景でした。ですから田舎の川岸に立つ家は誰よりもまず彼自身が望んでいた家だったのです。

妻はまえより全般的にだいぶ良くなりました。そこで妻と子供たちが毎年数ヶ月過ごせるようなちいさな家を奥深い田舎に借りて過ごしてみました。うつくしく不思議なほど素朴な家なのです。(中略)それはオックスフォードシャーの南西の一番はずれにあって、ちいさなテムズ川に石を投げれば届くようなところで、ケルムスコットという名前の大変うつくしいちいさな灰色の村にあるのです。

バーン＝ジョウンズ（左）とモリス

ちいさなテムズ川と灰色のちいさくうつくしい村はモリスが生涯愛してやまないところとなりました。物語『ユートピアだより』のなかで「再会の地」として重要な舞台となっている「ウォリンフォード」の章でくわしく書きますが、モリスの理想の地はテムズ川上流の、灰色のちいさな村です。

『ユートピアだより』は社会主義思想にもとづいた夢物語です。そこは川舟がオックスフォードシャーに入り、メドレーの水門をとおり抜け、ウルバーコットの川岸一面に広がる緑の牧草地ポート・メドーと、ゴッドストウの廃墟の尼僧院をとおり過ぎる辺りからはじまる「テムズ川上流」の地方、としてモリスが描いている地域です。現在ではコッツウォルズの村々として、観光という点から日本でも大変人気のある地域です。家はコッツウォルズ・ストーンとして有名なクリームがかった石灰石で、屋根もスレートのように薄く端正に刻んだ石で葺かれています。どの村もモリスの描写そのままに、いまも灰色の素朴なうつくしさにあふれ、中世からなにも変わっていないような趣を呈しています。

そんな緑と水辺と石造りの民家が、変わらぬうつくしさを保っている地域にあるケルムスコット村のマナーと呼ばれる家は、人間としてのモリスとその思想、さらに作品などに確かに多くの影響をおよぼしました。「マナー」とは本来「マナー・ハウス」（領主の館）という意味なのですが、実際には領主館ではなかったため、立派な家に付けられた愛称と考えた方がよいようです。そのマナーを借りて以来、暗に分ってはいたのですが、さらに

モリスの妻ジェイン

妻ジェインとロセッティとの関係は深まり、モリスにとっては苦しい日々が続くことになったのです。

レッチレイドに近い僕の小さな古い家は汚れを知らずうつくしいのですが、悲しさが付きまとっているのです。憂鬱というわけではないのですが、うつくしさから生じる物悲しさで、想像力が掻き立てられるようなうつくしさです。

ケルムスコット村に家を借りた一八七一年の夏に、モリスは妻子とロセッティをその家に残したまま、居たたまれない気持ちでアイスランドへ向かいました。北欧の英雄伝説、サガに惹かれていたモリスにとってアイスランドは重要な意義を持つ地です。ケルムスコット・マナーのある地域と、どちらがモリスに大きな影響を与えたか、でよく議論される地です。そこで、「僕の目がどこに向いたと思うかい。ケルムスコットさ」と言ったその直後に、アイスランドへとモリスは旅立ったのですが、親友に宛てたその勝ち誇ったような文面から一変して、モリスの手紙はどんどん暗くなります。その暗さは一八七四年にロセッティが共同借地権を放棄するまで続くのです。
「ケルムスコットに行きたいのだが、ガブリエルがいるので行けない」と親しい相手にモリスは悲しみを隠してはいません。そんな悲しみの原因ともなった家なのですが、本来モ

序　ケルムスコット・マナー

リスが自分の好みで探し出した場所ですから、ひとたびその原因が取り除かれれば、そこは悲しみの場から喜びの場へと変わることのできる場所でした。ロセッティが去った後モリスは夏の期間だけではなく、忙しい仕事の合間を縫って頻繁にケルムスコットで過ごしました。

この理不尽な激しい感情の不思議な波をひどく恥ずかしく思うのです。男らしくありません。

しかしロセッティは去り、このような言葉を語らなければならなかった時も薄らいでゆきました。問題がすべて解決した訳ではないのですが、モリスは少しずつ癒されていったのです。その後、妻ジェインとの関係がどのように変わったのかも定かではありません。しかし十一月の寒風の吹きすさぶなかをひとりケルムスコットを訪れて、川で魚釣りを楽しみ、そのようすをジェインに愉しそうに書き送っています。

流れが日本の独楽盆《こまぼん》のように渦巻いています。

寒い冬の流れのなかで渦巻く水はときにモリスそのものだったこともありました。しかし激しい嵐が吹き荒れた後、ケルムスコット村とその周辺の自然や古い歴史、またその地域のうつくしい村や建物などがモリスの興味をさらに掻きたてました。そこでケルムスコット・マナーを拠点としてモリスがその周辺の多くの場所を訪れたり、舟旅を愉しんだりした結果、『ユートピアだより』などの物語作品も生みだされたのです。

長い序文となってしまいましたが、モリスがケルムスコット・マナーを軸にして生涯愛し続け、その家から訪れた場所は今どうなっているのでしょうか。

有名なコッツウォルズとその周辺地域なのですが、写真で見る限りどの村もまた町も昔そのままに、いまもひっそりと佇んでいるようです。しかしモリスの心を癒したその地の自然はいまも相変らず、やさしくうつくしいのでしょうか。またモリスの愛した村々は現代のわたくしたちになにか教えてくれるものがあるでしょうか。そんなことも考えながら、英国の歴史や文化にも触れつつ、モリスを偲んで廻ってみたいと思います。

1　オックスフォード

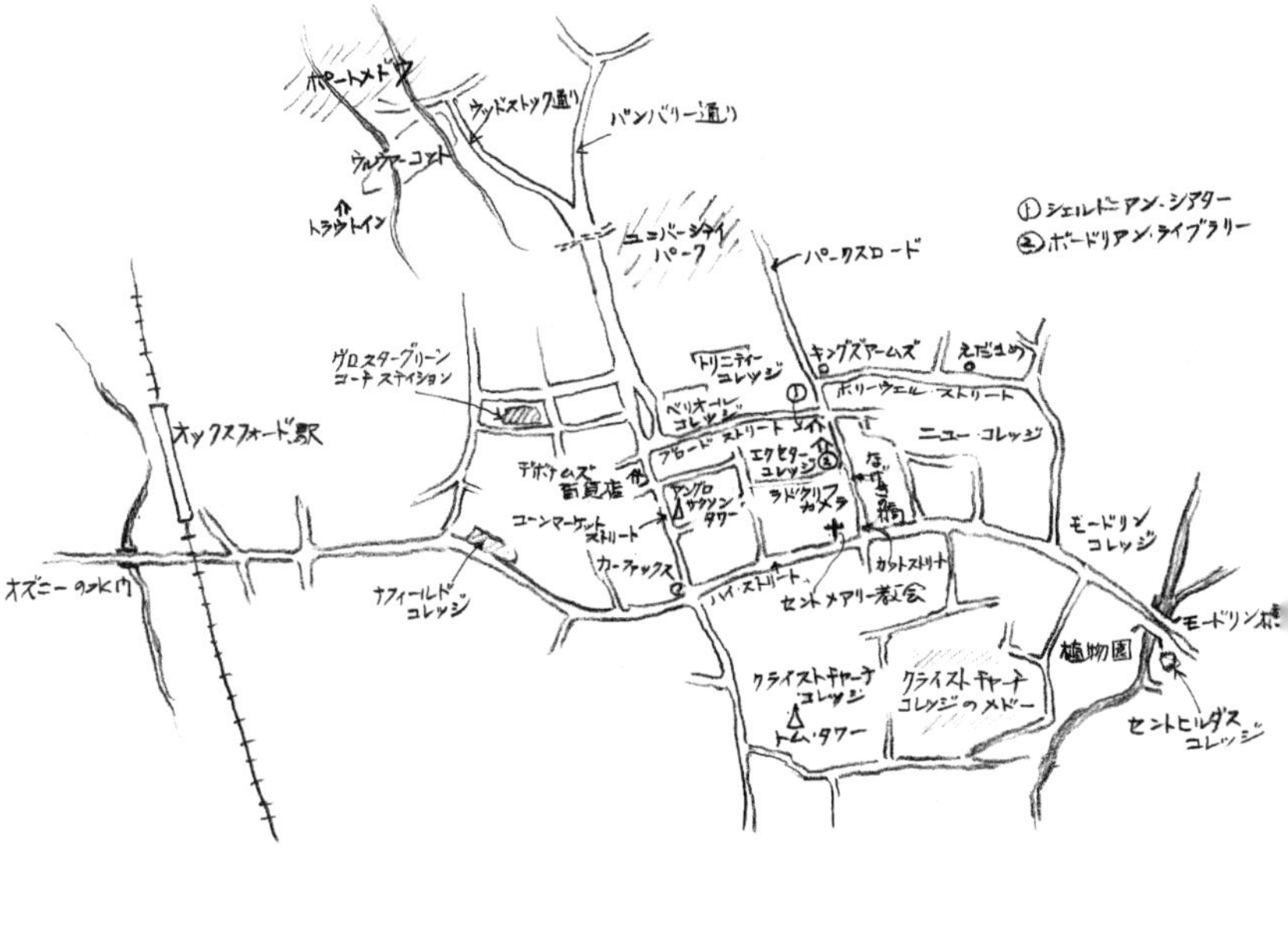

ポートメドウ
ウッドストック通り
バンバリー通り
ウルヴァーコット
トラウトイン
ユニバーシティパーク
パークスロード
①シェルドニアン・シアター
②ボードリアン・ライブラリー
キングズアームズ
えだまめ
トリニティーコレッジ
ホリーウェル・ストリート
ヴロスターグリーンコーチステイション
オックスフォード駅
ベリオールコレッジ
ブロード ストリート
ニュー・コレッジ
デボナムズ百貨店
エクセターコレッジ
なげきの橋
アングロサクソンタワー
ラドクリフカメラ
コーンマーケットストリート
モードリンコレッジ
カーファックス
カットストリート
ハイ・ストリート
セントメアリー教会
オズニーの水門
ナフィールドコレッジ
モードリン橋
植物園
クライストチャーチコレッジ
クライストチャーチコレッジのメドー
トム・タワー
セントヒルダスコレッジ

蜜色のコッツウォルズ石灰岩で建てられた、どっしりとした建物がつづく中世からの大学町にも、いまや変革が訪れているのでしょうか。オックスフォードの駅前に、黄色のレンガの壁面で、緑色の長い半鍾形の屋根をした近代建築がこの大学のビジネス部門として完成してからもうだいぶ経ちます。サイード・ビジネス・スクールという名称で、シリア人の資本家、サイード氏の寄付により設立された部門でありますが、かつてこの駅前にはなにもありませんでした。町の中心、シティー・センターからかなり離れた所に鉄道を走らせるのが英国の原則でしたから、どの駅前もがらんとして寂しいのが当たり前でした。ですからだいぶ以前にはじめてこの駅に降り立ったときには、これがあの有名な大学町の駅なのだとなんど私自身に言い聞かせても、なにか侘しい感慨を拭えなかったことをいまも忘れはしません。

しかし町の中心へと一歩足を踏み入れると、町には雑然とした活気がありました。中、長距離バスのターミナルであるグロスター・グリーンのコーチ・ステイションも、常設市場のカバード・マーケットも、昔の賑わいはそのままですが、建物や店の雰囲気などはすべて新しくなっています。ショッピング・アーケードも増えました。観光客や買い物の人々でごった返すコーンマーケット・ストリートとハイ・ストリートの交差点付近、カーファックスではいまも変らず、バスが人ごみの中を大きくゆっくりと、縫うように通り抜けて行きます。どうやらそれは市の政策によるらしく、人とバスの共存とでも呼びたいような光景ですが、そんな賑やかさも相変わらずです。見るからに貧しそうな人、酒ビンを抱えてふらふらしている人、はひふへほ、の「h」音がまったく抜けてしまっているひどいコクニー訛のような人も数としては大幅に減りましたが、犬をつれて道で物乞いをする者の多さは相変わらずです。大方は若者です。

最初は自転車店から出発したという自動車王W・R・モリスの自動車会社も辛うじて存続しています。何世紀も前から現在まで知識人層と工場労働者などが混じりあった町であることには変わりがありません。その点が純粋に大学だけの町であるケンブリッジとの大きな違いであるといわれています。しかし一歩通りの雑踏を避けてどこかのコレッジの門を入ると、四角い中庭の芝の緑とそれを取り巻く回廊、そして素朴な石の床とどっしりとした柱や天井などの空間にみなぎる静寂は、かつてもそしてこれからも変ることがないように思えます。

新しいミレニアムに入ってから異常気象のためでしょうか、ヨーロッパ中がひどい洪水に見舞われています。ここも例外ではありません。二〇〇三年が明けた或る日、モードリン橋の上に立って見回してみたら、眼下は一面の水でした。葉を落とした木々の間からモードリン・コレッジの庭とユニバーシティー・パーク、さらにその橋下の緑の河岸がひとつにつながり、広大な湖となっていました。後ろを振り向くとそこもセント・ヒルダス・コレッジの庭と植物園、さらにクライスト・チャーチ・コレッジのメドーが水におおわれて巨大な湖と化していたのです。いつもならば橋の下に一面に広がるやさしい緑の空間と、水の流れが白いモードリン橋の優美な流れるような線とひとつになって、川の流れる大学町の風情を楽しませてくれるのですが、その年は無残な眺めでした。

現代人にとっては優美に思えるモードリン橋なのですが、モリスの時代に新しくなったようです。橋幅を広げることに対して、古建築物保護協会を設立したモリスたちは経済学者で美術批評家でもあり、社会改革者でもあった十九世紀の巨人といわれるジョン・ラスキン(一八一九―一九〇〇)をはじめ、そうそうたるメンバーの名を連ねて反対したのですが、市当局に聞き入れられませんでした。モードリン橋はロンドンへ通じる道路につながっているため、オックスフォードの正面玄関とモリスは呼びました。ヴェネチアのサン・マルコ聖堂をはじめ、おかしな修復から数多くの建造物を守ろうとしたのですが、この橋は守れませんでした。モリスの時代まであった橋はどんな橋だったのでしょうか。モリスたちの反対運動は一八八一年のことでしたが、一八九〇年に『スピーカー』誌の編集者にむけてモリスはこんなふうに書きました。

1　オックスフォード

三十年前のオックスフォードはヨーロッパで一番美しい都市のひとつでしたし、イングランドではもっともうつくしい町でした。このうつくしさは教育の重要性に由来しているということをオックスフォード以外の人々も否定しはしないでしょう。

モリスのこんな言葉からさらに百十年以上が経ったのですが、オックスフォードはいまも「才能という目に見えないものの具体化」としての教育の場であり続けているのですから、やはりうつくしい場所です。

ブロード・ストリートにはトリニティーとベリオールのふたつの名門コレッジが並んでいて、その真向かいの路地を入るとモリスの学んだエクセター・コレッジの正門があります。ベリオールは十三世紀に設立された一番古いコレッジのひとつです。トリニティーやベリオールほどきらびやかではありませんが、エクセターも同じく歴史の古い名門コレッジで、一三一四年の創設ですが、とりわけチャペルのうつくしさではよく知られた大学です。モリスとバーン＝ジョウンズはここの名誉フェローに任ぜられています。モリスの肩書きはデザイナーとしてです。タペストリー「東方の三博士の礼拝」や「鳥」などの他、モリス愛用のめがねやパイプなどを展示している「モリスの部屋」もあります。

セント・ポール大聖堂と同じくクリストファー・レンの設計による、シェルドニアン・

シアターは大学の式典などを行なう建物ですが、その隣に大学の図書館、ボードリアン・ライブラリーがあり、そのすぐ斜め向いにパブ、キングズ・アームズがあります。図書館の向かいで便利なところに位置しているというだけでなく、中が幾つもの小部屋に分かれていて騒々しい音楽もなく、会話を楽しむことが出来るという理由で学生にはいつの時代にも一番好まれてきたパブですが、モリスも例外ではありませんでした。町なかで人と約束するときはいつもこのパブを指定していましたし、宿泊もしました。

このキングズ・アームズの脇の道がホリーウェル・ストリートで、ニュー・コレッジのある通りなのですが、モリスの妻ジェインの生まれ育った通りでもあります。モリスはとくにこの界隈が好きだったようです。教育の場としての大学の存在とは別に、この界隈の長い歴史をひめた建物が好きだったからです。「ホリーウェル・ストリートにはこの町の最も古い建築物が残っていて、この通りは一番愉しい通りだ」と書いています。

ニュー・コレッジという名が付いてはいるものの、もっとも古いコレッジの中のひとつが道に沿って堂々と広がっていて、細い道の真向かいには小さな民家が連なっているので、そういった意味では面白い界隈です。ホリーウェル・ミュージック・ホールや大学関係のどっしりした建物が他にもないわけではないのですが、一瞥しただけでは庶民的な雰囲気の漂う通りで、そういった民家とニュー・コレッジの堂々とした建物とのコントラストにはなんとも言い難いものがあります。

モリスが好きだったのは民家の方で、ニュー・コレッジは「気味の悪い醜い建物」だと評しています。権威を振りかざす大学そのものが好きではなかったのですから、モリスの口から大学に対してなにかよい表現を期待するのは無理でしょう。つまり古い民家が並んでいる通りの、折角の楽しさをぶち壊してしまった建物とでも言いたいのだとおもいます。ともかくその民家のうちのひとつが、いまでは「えだまめ」という家庭料理をだすこぢんまりとした日本料理の店になっていて、学期期間中には行列ができるほどというのですから、なんとも時代は変り、さらに庶民的となったともいえますが、モリスがこのことを知ったらなんというか非常に興味深いものがあります。

聞くところによると、この通りは市壁の回りに廻らしてあった堀を埋め立ててできた通りだということです。それまで堀に沿って建てられていた民家は堀側が庭となっていたらしいのですが、その部分に建物が建て増しされ、入り口が通りに面するようになったといいます。古い部分の建物には中世につくられ、そのまま大きな改造をまぬがれてきた部屋がいまでも見られるというのですから、まさにモリスがこの界隈を一番愉しいところと呼ぶのもうなずけることです。通りの名前も「聖い泉《ホリーウエル》」で、モリス好みではないでしょうか。かつての市壁の一部がいまでも残っています。

細い通りを引き返し、またキングズ・アームズの横に出ました。日暮れに向かう太陽がブロード・ストリートの両脇に並ぶ建物をさらになめらかな蜜色に染め上げています。人の数はまばらで通りはひっそりとし、壮大な建物は、建物そのものがもつ本来のうつくしい姿をとり戻しています。そしていまや、ゆったりとしたその名にふさわしい通りに戻り、威厳にみちた静かなうつくしい光景をくり広げています。細い通りをでた瞬間に目の前がいっきにパノラマ状に拡がったという感じです。ボードリアンやシェルドニアンの巨大な建物が眼前に飛び込んではきたのですが、威圧感はありませんでした。こんな光景展開の楽しみがあったのです。

　左手のカット・ストリートにはラドクリッフ・スクエアーを隔てて、図書館の一部である円形ドームの建物、カメラが本館につづいています。そしてすぐ後ろには大学の教会としての、セント・メアリー教会が並んでいます。右手を見ると通りの並木がどこまでも続いているかのように見えるパークス・ロードが伸び広がっています。

　ブロード・ストリートはうねった通りで、道の端まで見通せるわけではありません。それなのに細いホリーウェル・ストリートからでてきた瞬間の、あのパノラマ感はなんでしょうか。大きくとも、建物はドームや円柱をもち、それが視界を狭めずに、道と共に流れているからなのでしょうか。すこし前方に歩くと道の端まで見えます。音楽・歴史・地図・文学など部門ごとに独立した店舗をもつ本屋、ブラックウェルズが道の両側に何軒も並び、その突き当たりにデボナムズ百貨店が見えます。店の前ではいくつも灯されたオレンジの明かりが、陰になった黒い部分を照らしていて、そのオレンジ色のライトの色合いも昔から変りません。建物は建て直されたというのですが、ファサードは昔のままなので、そうは見えません。威厳にみちた石の建物が醸しだす絶対の静寂は永遠に変わりようがないようです。

古いという意味ではアングロ＝サクソン＝タワーと呼ばれるノース・ゲイトにある一〇四〇年建立の塔が一番古い建物です。現在では市の教会のひとつ、聖マイケル教会に付属しているのですが、この塔の中にモリスとジェインの結婚証明書が保管され、一般に展示されています。モリスが結婚式をあげたのがこの教会なのです。労働者階級のジェインの家族や関係者は一人も参列を許されなかった、寂しい結婚式だったと言わざるを得ません。しかしこの国の階級意識は相変わらず強く、階級をこえての結婚はいまでも大なり小なり状況は同じです。新世紀を迎えたとはいえ、まだまだ英国社会がたどらなければならない道のりは長そうです。社会主義者として、また詩人、物語作者およびデザイナーとしてアーツ・アンド・クラフツ運動を指導してきたモリスの思想の原点は、この結婚式にもあったということでしょう。ラファエル前派は階級性を否定することを兄弟団結成のときから掲げてきましたので、モリスがそのような結婚式を挙げざるを得ないことになったのも当然の帰結だったといえるでしょう。

ボードリアンの脇を折れ、イタリアの橋を模してつくられた「嘆きの橋」を左手に見ながらカメラを通りこし、オックスフォード大学の教会である、セント・メアリーの横の細い路地を出るとそこはハイ・ストリートです。それを左に折れて、モードリン橋の手前の、植物園の脇の道を行くとクライスト・チャーチ・コレッジのメドーに出ます。大学の敷地を縫って流れる川をみながら『不思議の国のアリス』の著者、ルイス・キャロル（チャールス・ドッジソン、一八三二―九八）がアリスたちを連れてボートに乗り込んだのはどの辺りなのだろうか、と想いを馳せてみました。ルイス・キャロルはこのコレッジの数学の先生で、アリスは学寮長の娘でした。

町の一番の繁華街に近い辺りに、こんなにも静かにゆったりと川が流れているキャンパスがあるなんて。一面にひろがる緑の牧草地には乳牛が草を食んでいます。教師も学生も寝食を共にするコレッジという教育形態のなかで、中世から神学の中心地として発達してきた大学は、その出発点においてそれぞれが大なり小なり自給自足の共同体であったはずです。祈りながら学問を追及し、祈りながら畑を耕した者もあったでしょう。アーツ・アンド・クラフツ運動の父として、また社会主義者として、全ての人により良い生活の実現をめざすように鼓舞したモリスが、修道院構想をいだいてこの大学に入ってきたというのも、長い大学の歴史からしてとても当たり前のことだったのだ、と確認できる光景がいまでも目の前に広がっています。

寝食を共にしながら学問を追及することがコレッジ（学寮）という教育形態の中心にある訳ですから、日本の大学からはなかなか理解しづらいことなのかも知れませんが、食堂を兼ねた大ホールが大きな意味を持っているのです。自動車王の方のW・R・モリスはナフィールド・コレッジを設立しました。一九三七年に礎石が置かれましたが、完成したのは一九六二年だといいます。さらにホールでの最初の食事は一九五八年六月六日のことだと、大学紹介に書いてあります。

寝食を共にしてはじめて意義を持ってくる大学形態は、二十世紀になっても変わることがありませんでした。ではサイード・ビジネス・スクールは、とすこし気になるところです。十三世紀に一番古いコレッジとしてベリオールやマートンが設立されてから長い年月が経ちました。しかしまだオックスフォード大学のコレッジは増え続けています。

建築家クリストファー・レンのトム・タワーでもよく知られた、クライスト・チャーチ・コレッジはヘンリー八世により一五四六年に建てられたコレッジです。アングロ＝サクソン時代の初期キリスト教の聖人、フレデスワイズを祭っていた場所に礼拝堂が建てられ、コレッジの基礎とされました。そこはイングランドでもっとも小さな司教座、カテドラルでもあるのです。

確かにうつくしい聖堂です。荘厳なパイプオルガン。精緻な彫刻の施された木の椅子。陽の光を受けて一日の内でも刻々と変化する深い色合いの中世のステンドグラスだけではなく、十九世紀の好みを反映した、モリス商会による、バーン＝ジョウンズのステンドグラスが五枚もみられます。中世から現代までおおくの時間が過ぎ去りました。神学を学びに世界中から人々があつまる時代も過ぎてゆきました。しかしそんな中でもその時々に、熟練した者たちの手はうつくしいものを生みだしてきたのです。そして作品はいまもその生みだされたいのちを精一杯に生きています。

モリスが中世を好んだのはその時代、とくに十四世紀に手仕事の熟練した技をもつ者たちが多く現れたからに過ぎません。英国ではヨーロッパのどの国にも先駆けて農奴制が崩れ、十四世紀には社会としての自由が確立しました。社会主義者として、また芸術家として、十九世紀の「大衆」という呼称のなかに十把ひとからげに束ねられてしまっている職人たちを、モリスは鼓舞し続けました。中世の職人たちのように仕事を楽しみつつ、うつくしい手の技をとり戻すようにと、労働者たちに語り続け、ラスキンが始めた彼らのための「労働者大学」でも教鞭をとってきました。プライドをもてる生活をめざすようにと、民衆を励まし続けてきたモリスが、モリス商会を設立し、気の合う仲間たちと共に自ら手本を示したもののひとつがこのステンドグラスなのです。

聖職者となって一生を「役に立つもの」のために捧げたい、という構想をもってモリスはオックスフォード大学に入りましたが、一八五五年の夏、バーン＝ジョウンズたちと行ったフランスで芸術家となることを決心したのです。モリスもバーン＝ジョウンズも入学以来ずっと考え、議論をした末の決心でした。モリスが大学生活の出発点で選んだ構想は、形こそ違ってもその根底に流れる思想を違えることなく、異なった形となっていまここにあるのです。そんなモリスの思いがくっきりとあらわれている窓辺です。ガラスをとおして射しこむ光はかぎりなくやわらかでした。

クライスト・チャーチ・コレッジは修道院から大学となる前は尼僧院だったということですから面白い。女人の聖人、フレデスワイズを描いたバーン＝ジョウンズのステンドグラスがそのことを記念してはめ込まれています。アングロ＝サクソンの王の娘として生まれたフレデスワイズは結婚を拒み、王子アルガーによって殺害されました。そして、ここに彼女は祀られ、そののち尼僧院となったのです。バーン＝ジョウンズはフレデスワイズの話に夢中になり、ロンドンの大英博物館の図書館に通い、ラテン語の資料を研究してステンドグラスを描いたということです。いかにもモリスやバーン＝ジョウンズの好みそうな話です。

またここにはアングロ＝サクソン以前の汎ヨーロッパ的な自然崇拝の擬人化、「グリーン・マン」の彫刻があります。それは口から緑の葉を吐き出している男性の顔の彫刻で、ひとつだけですが椅子の端に施されていて、異教時代の名残をつたえています。モリスの好きなバーフォード教会のケルトの三女神の彫り物と並んで、この司教座はモリスたちにとってともかく面白い場所であったに違いありません。

聖堂を出て、また元の道に戻り、メドーを抜け、白鳥や鴨の遊ぶちいさな川辺をあとにして、ハイ・ストリートに出ました。モードリン・コレッジのチャペルから回廊を抜けて川岸にでると、まだ葉をつけない木々の下に水仙とクロッカスが一面に咲き乱れていました。春の陽ざしにしては強すぎる光があたり一面に拡散しています。空は夏の空のように青々として、白い雲が浮かんでいました。冬の日には一面、水におおわれた大地からはさらに力づよく、くっきりとした色合いの草や花々が萌えだしているようでした。満開のさくらのような木が一本。プルーナスでしょう。その脇の細く高い木は、いま芽吹いたばかりというようなやわらかな赤い小さな葉を、天にむけたその枝先いっぱいに拡げています。そして空のその一角に、春の陽の光が束ねられ、季節はやがてまた夏へと向かいますよ、と人々を祝福しているかのようでもありました。

萌えだした光を後にしてちいさな流れに沿って歩きました。真っ直ぐに行けばユニバーシティー・パークに出られる筈なのです。しかし公園に抜ける橋が見当りません。取り外されてしまったようです。やむをえず川辺の道を引返しましたが、足下の土のやさしい感触にいつまでも歩いていたい気持ちでした。

「カッコーが鳴き、鐘の音がひとつにより集うオックスフォード」と詩人G・M・ホプキンズがオックスフォードの町をそんなふうに呼びましたが、町なかではもうあまり鐘の音を耳にすることはできません。しかしコレッジの中の静寂に身を委ねていると、いくつもの鐘の音が響きあって、ひとつに集うことはなくなったものの、たまには遠くの鐘の音もやわらかな風にのっていつまでも響いてきます。中世の建学精神が完全に失せたわけではないのです。

町の中心から二本並行するように通っている道路、ウッドストック通りとバンバリー通りがありますが、その一方のウッドストック通りを北に上がり、英国特有の信号のない丸い交差点、ラウンド・アバウトをすぐ左に折れるとウルヴァーコットの村に出ます。ゴッドストウの石橋の上に立つと眼下に一面の緑が広がります。ポート・メドーです。

もう少し歩くとパブ、トラウト・インがあり、石橋を渡ると廃墟となった尼僧院が広い河岸に立っています。ヘンリー二世（位一一五四―八九）の愛妾で、「麗しのロザムンド」とよばれる女性がこの尼僧院に身をひそめていたということで有名です。この伝説もラファエル前派の画家たちに好んで画題として取り上げられたものですが、この辺りがモリスの郷、灰色の村の入り口です。『ユートピアだより』にはドーチェスターの教会を過ぎ、アビンドンからメドレーの水門を越えると、そこが灰色の村のはじまりだ、とあります。もうメドレーの水門はありませんので、現在ではオズニーの水門ということになるのですが、テムズ川沿いのコッツウォルズ・ストーンでできた最初の灰色の村はエンシャム、ということになるでしょう。ともかくこの辺りがモリスの郷のはじまりなのです。

『ユートピアだより』のなかでモリスの分身、ゲスト氏は舟を降りてゴッドストウの尼僧院跡がそのままあるかどうか確かめます。相変わらず鴨が無数にいることも確認します。

ウルヴァーコットの上に赤い月がでてきた。私たちはいまや石の郷にやって来たのです。そこでは家はみな、壁も屋根も灰色の石で建てなければなりません。さもないと景観を壊してしまうからです。

蜜色の大学の建物は当初コッツウォルズから切り出した石で建てはじめられましたが、やがて大量の石が確保出来なくなるとドーヴァーを越え、フランスのノルマンディー地方から運んできたといいます。モリスに感銘を与えたアミアンやルーアンの聖堂はノルマンディー地方ですが、そこもうつくしい石灰岩の白い断崖がつづく地形でよく知られていますす。かつては英国も大陸の一部であったことを語る地層です。ですからノルマンディーの石がオックスフォードで使われたとしても違和感を生じない、同じ石灰岩です。

うつくしい石の大学町、オックスフォードは、「三十年まえオックスフォードの町はうつくしかった」とモリスが言ってから、さらに百数十年以上が経ったのですが、相変わらずコレッジの数は増えています。しかし、時代は変り、どこも男女共学となりました。現在では女子大学はセント・ヒルダス・コレッジひとつとなりました。二〇〇三年に学生たちは女子大であり続けることを選んだのです。しかしそうなったのはそこで学ぶ女子学生のなかに裕福なイスラム教徒の子女が数多くいるからだ、という見方をする人もいます。

しかし一九五〇年代から鉄道という公的な交通手段も断たれ、また最近バスも行かない村が増えましたから、モリスの郷はさらに人里はなれ、開発を許さないグリーンベルト政策によって、ひっそりと変化をこうむらずに生き続けるのかも知れません。

2　バーフォード

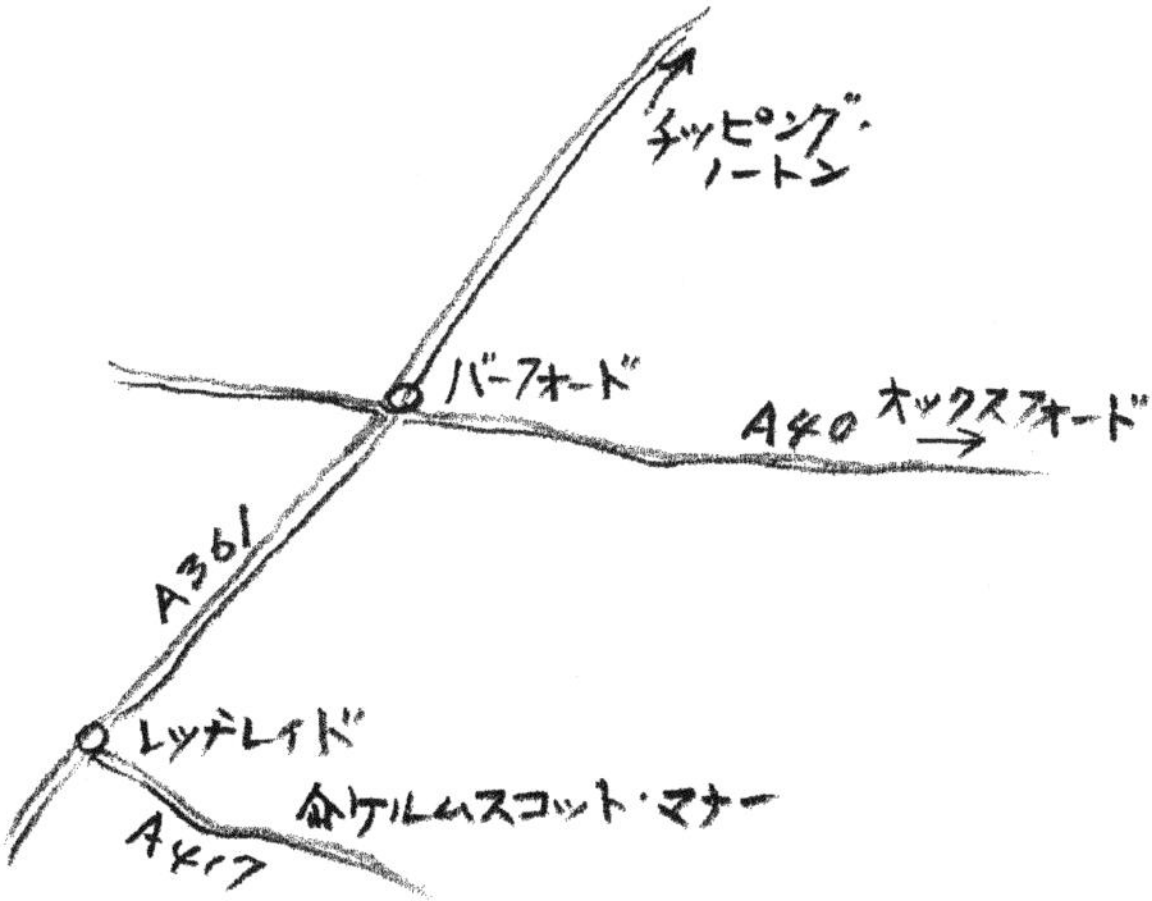
チッピング・ノートン
バーフォード
A40 オックスフォード
A361
レッチレイド
ケルムスコット・マナー
A417

コッツウォルズの村や町の中でも一年をとおして人が絶えず、いつもにぎわっている町、それはバーフォードです。骨董店やアクセサリー店、ハイセンスな衣料品店に、レストランや喫茶店などが、ハイ・ストリートの両側にびっしりと並んでいて、観光客だけでなく、しゃれた地元の人々をいつもよび集めているからです。オックスフォードの市内からも比較的かんたんに訪れることのできる町で、コッツウォルズの入り口とも言われています。もっともどの方角から訪れるのかにもよるのですが。

バスがラウンド・アバウトを廻ってハイ・ストリートに入って行くと、急な坂道になっていて、眼下にびっしりと立ち並ぶ店や家々が目に入ります。そして道を下り切るとまた登り坂になっていて、そこから先はまた丘の斜面です。その斜面にも、僅かですがどっしりとした数軒の建物がみえています。ウィンドラッシュ川はそのふたつの丘の谷あいを流れています。ハイ・ストリートを埋めつくす建物の多くが十六世紀から十八世紀にかけて建てられたか、あるいは正面、ファサードだけを替えた建物だそうです。ハーフ・ティンバー様式の木の家と、石の建物とが混じりあっていて、素材やデザインだけでなく、色合いもさまざまなのですが、ひとたび道を折れるとどこも紛れもなくコッツウォルズの町ら

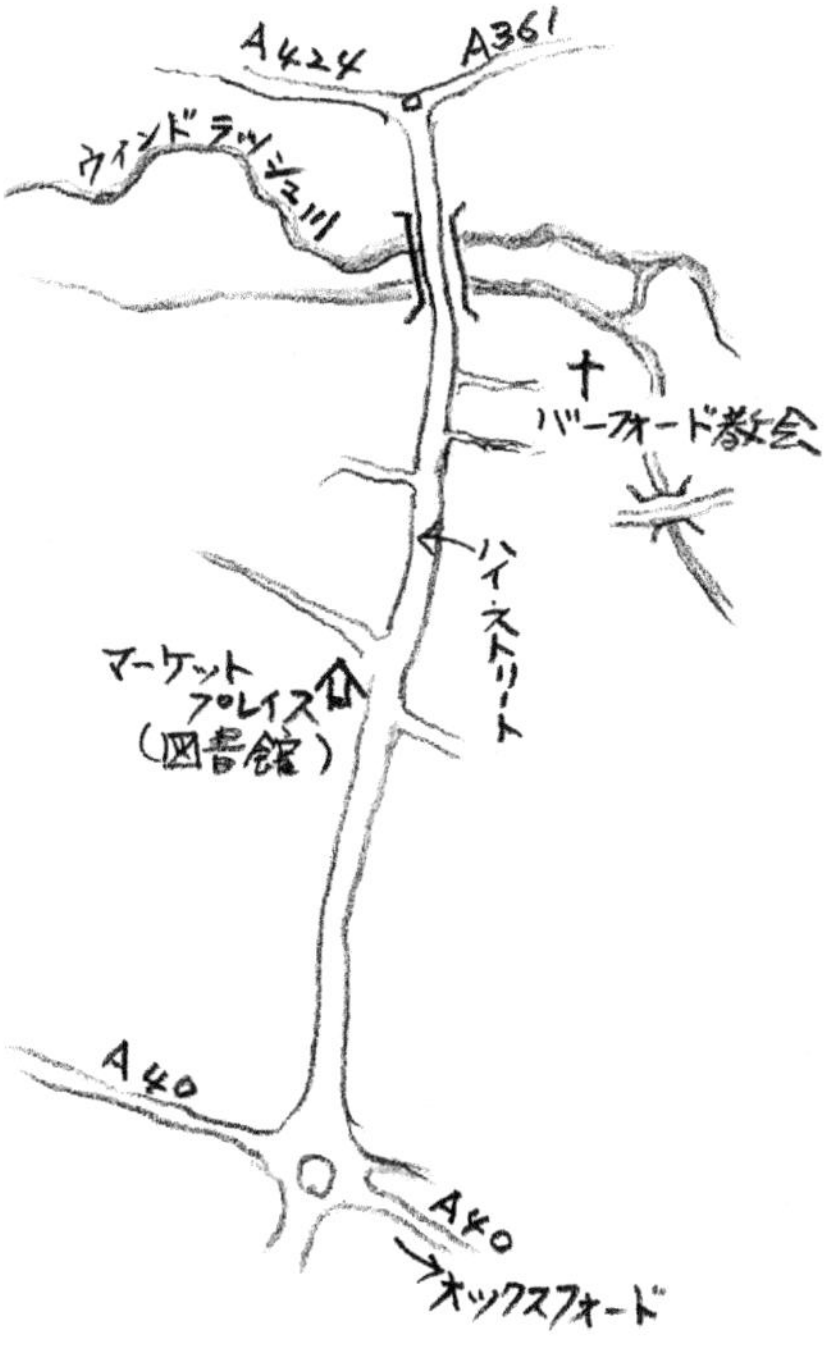
A424
A361
ウィンドラッシュ川
バーフォード教会
ハイ・ストリート
マーケットプレイス
(図書館)
A40
A40
→オックスフォード

しく、クリーム色や灰色の石灰岩、ライム・ストーンの家並みが続いています。

かつての商人組合の取引所であった建物、マーケット・プレイスは太い二本の柱と広い石床の建物で、あんぐりと口をあけたような空間を通りにむけて立っていて、現在では二階部分が図書館として用いられています。この地方の商人組合の取引所は、多くの場合独立した屋根と四本の柱だけの、吹き抜けの石の建物なのですが、ここはまったくようすが違います。それは家と家に挟まれた、一方だけが開かれた建物で、裕福な町の、数多くの取引が行われた取引所としては、随分と狭いように思えます。急な丘の斜面につくられた町では、ゆったりとした空間を取ることもままならなかったのでしょう。傾斜がきついため、馬はこの地点まで来るとみな歩みを止めてしまうので、ここが取引の場所となったということです。どの方面からやってきても、坂のほぼ真中というのは、誰にとっても公平な結論でした。

モリスの時代もこの町には大変な賑わいがあったようですが、ある市の立つ日の昼食時、モリス夫妻と二人の娘たちがこの通りを歩いていると、どうやら彼らの格好が面白かったらしくひどくからかわれたといいます。次女のメイの伝えるところによると、モリスとジェインはどこに行ってもたいへん目立ったようです。黒髪の背の高いジェインと、ずんぐりむっくりのモリスは、確かによそ目にはからかいたくなるようなカップルであったのかも知れません。

また、この四人の家族は町の人には「よそ者」'foreigner' と映っていたということです。どういう意味でメイは「よそ者」という表現を使っているのか分らないのですが、くしゃくしゃの縮れ髪の芸術家風の男と、画家のモデルをつとめる妻、そして娘たちの一風変わったようすは、町の人たちにはとても不思議に見えたという程度の意味なのかも知れません。それともジェインの風貌から、イングランドの人間には見えなかった、という意味でしょうか。'foreign' と形容詞になれば、「訳の分らない」とか「奇妙な」というような意味にもなります。ともかくケルムスコット・マナーからここまでそれ程かからないので、よくやって来る目だつ一行として、いつかからかってやろうと町の連中が思っていたのかも知れません。いずれにせよ娘たちがはらはらしていると、とうとう父親の癇癪が爆発し、モリスは怒鳴り散らしたといいます。こんなエピソードがあってもモリス自身はここがひどく気に入っていました。

「バーフォードはとてもすばらしい」という言葉と同時に、「ウィンドラッシュ川の谷はとてもうつくしい」とも手紙に書いています。坂のいちばん上から眺めてそう書いたのか、それともモリスが泊まったブル・ホテルの窓からうつくしい谷あいの景色が見えたのか、どちらであるか分りませんが、この町はモリスのお気に入りの場所であったのは確かです。モリスの話をホテルのフロント嬢にすると、階上に案内し、この部屋からならはっきり見えたはずですが、いまでは家がすっかり建ち並んでしまい、と残念そうに語ってくれました。谷あいは見えないものの、段々と低くなって建ち並ぶ家の間に、それとなく川の流れを感じました。しかしモリスとこの町との関係でもっともよく知られたエピソードはバーフォード教会とのことでしょう。

十九世紀はヨーロッパ中いたるところで古い建物の修復が行われ、教会にも多くの手が入れられました。しかし修復という名の俗化作業であったようです。何世紀にもわたってバーフォード教会は、裕福な羊毛商人たちにより競うようにして手を入れ続けられたのですが、モリスの時代に修復を行っていたのは皮肉な事にモリスの建築の恩師、G・E・ストリート（一八二四―八一）でした。ある日工事中の教会を訪れて、あまりにもひどいその改悪作業を目にして腹を立てたモリスは、教区司祭に食ってかかったといいます。

司祭も負けてはいずに、「この教会は私のものです。私がそう望むならこの教会の中で逆立ちすることだってできるのです」とやり返しました。ヴィクトリア朝時代はまだ教会権力のたいへん強かった時代ですから、いくら腹立ちまぎれの言葉とはいえ、教会の中で逆立ちするなどという不謹慎なことは考えられないことです。恐らく司祭が権力を振りかざして、教会を自己の私物として、どうにでも自由にできるという意味をちらつかせたのでしょう。

モリスとその司祭は後に和解したということですが、モリスはこれをきっかけに古建築物保護協会を発足させ、ヨーロッパ中の古い建物をおかしな修復から守る運動を展開しました。一八七七年のことです。

この協会の発足は後のトラスト運動の発展にも大きな影響をあたえました。ラスキンやモリスの助言のもとに、一八七八年にはトラストの前身、カール協会が設立され、その後、一八九五年に現在の名称、ザ・ナショナル・トラスト協会となりました。

設立者オクタヴィア・ヒルたちは発足直後に十四世紀の建物「アルフリストン牧師館」の取得と補修を急ぎ、建造物としてのプロパティー第一号としましたが、取得や補修について、モリスたち古建築物保護協会に援助を仰ぎました。補修には保護協会が立ち会い、モリスの声がいまにも高らかに聞こえてきそうな協会の趣意書（マニフェスト）に忠実に仕事をすすめています。「補修」とはオリジナルに忠実に、原形を絶対に変えないことだとマニフェストは説いています。

このやり方は「アーツ・アンド・クラフツ方式」と呼ばれ、ティンタジェルの「昔の郵便局」などその後のプロパティーすべてに応用され、現在にいたっています。国民のあいだにもその方式に対する理解は完全に定着していますから、その点にかんしても、モリスの影響は大きかったのです。

ケルムスコット・マナーも協会の保護する建造物です。ですから、そのような協会設立のきっかけとなった、バーフォード教会とモリスとの関係はたいへんに意義深いものであったといえるでしょう。

バーフォード教会の修復のどの点がそんなにモリスを怒らせたのでしょうか。それは古い床石をはがしてタイル敷きにしたことでした。赤と黒と白のタイルをモザイク模様に、入り口から内陣の信者席をのぞいた、十字形の通路部分と両翼に敷き詰めた点です。素朴なコッツウォルズの石灰石が色タイルのモザイク模様になったのを見て、モリスが怒らないはずがありません。一歩教会に足を踏み入れれば歴史の古い教会であるだけに、確かに威厳と素朴さを失った床のタイルにがっかりしてしまいます。モザイク模様にタイルをはめ込むのは十九世紀ヴィクトリア朝のファッションだったのです。

バーフォード教会は急な坂を下りきったあたりに、ウィンドラッシュ川に包まれるように建っています。土地の人たちに言わせるとすごく変わった教会だそうです。一歩教会墓地に入ってみれば即座にどれほど変わっているかが分るでしょう。なんと一メートルから一メートル五十以上もある大きな石棺が無数に置かれているのです。石棺そのものは決して珍しいわけではありません。しかしこれだけ数多くの石棺が、教会入り口の墓地に置かれているのは確かに珍しいことです。

しかもその石棺の装飾のみごとなこと。蓋の部分はゆったりとした波模様で、本体部分に縁飾りのようにその波模様が垂れています。波のような彫り物は羊の毛を表していて、通称「羊毛石棺」と呼ばれています。裕福な羊毛商人たちが自分たちの職業をデザイン化し、墓地にまで持ち込んでいるのです。蓋の前方部分には髑髏《どくろ》が彫られ、本体の側面には

涙を流している天使の顔と翼が刻まれ、その下には実をつけた花、リースが彫刻されていて限りなく装飾的です。そのパターンが表わす意味合いは、いかに地上に富を蓄えたとはいえ死後は誰しもみな髑髏になる、という中世の「死を想え《メメント・モリ》」のメッセージが装飾化されたものです。

しかし、そんなおぞましい現実を深く考えなければこの教会墓地は装飾的という意味で、たいへん面白い場所です。それもその筈、この町はセント・ポール大聖堂をはじめ、ドーム型の屋根の建物で知られる偉大な建築家、クリストファー・レン（一六三二—一七二三）に仕えた石工、クリストファー・ケンプスター（一六七四—一七一五）の生まれた所です。教会にもいくつか彼の彫ったものが残っています。教会の古さという点からみてもたいへん古く、現在の建物の一部は十二世紀に遡ります。ポーチ型の正面入り口にいちばん近いところにある石棺に緑色の銅版がはめ込まれていて、刻まれた文字もはっきりしています。なんと一六〇七年という日付がくっきりと浮いて見えています。

もう一つこの教会で面白いのは丸に十字の入ったケルト十字の墓が多いことです。コッツウォルズの入り口の町バーフォードは、オックスフォードから訪れる際に入り口なのですが、では出口はどこか、というとブロードウェイでしょう。そこはウェールズから訪れる際にはコッツウォルズへの入り口になるのですが、要するにこの辺り一帯はウェールズに近く、ケルト人が最も多く住んでいた地域なのです。モリスという名前は典型的なウェールズ名でありますから、彼がこの地域をこよなく愛した理由の一つとして、ケルト色が濃いという事もあったでしょう。後にふれる「アッフィントンの白馬」にせよ、「エイヴェリーの巨石群」にせよ、モリスの時代にはまだケルトとの関連で考えられていたのですから。

バーフォード教会の右の側廊の天井に近い部分に、ケルトの三女神を彫った石板がはめ込まれているのも、この地域の性格をよく現しています。三女神といっても茶色の猿いがいのなにものにも見えないのですが、遠い昔の先祖たちの名残は、ケルトの血を誇りに思っていたモリスにとって、この地域全体を親近感に溢れたところにしていた、と言えそうです。

教会の横手の小道を通って川辺にでてみました。枝をすっかり落とされ、ごつごつとした棍棒のような菩提樹の木が両側に並ぶ小道で、木々はいまにも動き出しそうです。その先にウィンドラッシュ川が溢れんばかりの水をたたえてゆったりと流れています。その流れは教会の裏手を守るかのように廻り、墓地のはずれから向きを変え、姿を消しています。教会の敷地はちょうど扇を広げたような形で、川の流れは扇の丸い弧の部分をなぞるように流れています。土手の土はどこも丸みを帯びてやさしく、緑の芝につつまれ、川に沿って水仙が一面に咲いていました。

鴨がえさを求めてすべるように泳いできます。先ほどまでしとしとと雨が降っていたのですが、急に明るさを増して光が水面を照らしました。一瞬、水仙の黄色が色褪せたかに感じられました。しかしまた一瞬にして陰が光をつつみ、水仙と芝の緑はまた元のように色鮮やかに川辺を飾りました。遠くの柳がまだ透きとおったような、やさしい緑色の細い枝をゆっくりと揺らしています。すっかり春です。小鳥の声がひときわ澄んで、空気にも凛と張りつめたものが残っているこの季節こそ、この地域はいちばんうつくしく思えるのです。

3　ミンスター・ラベル

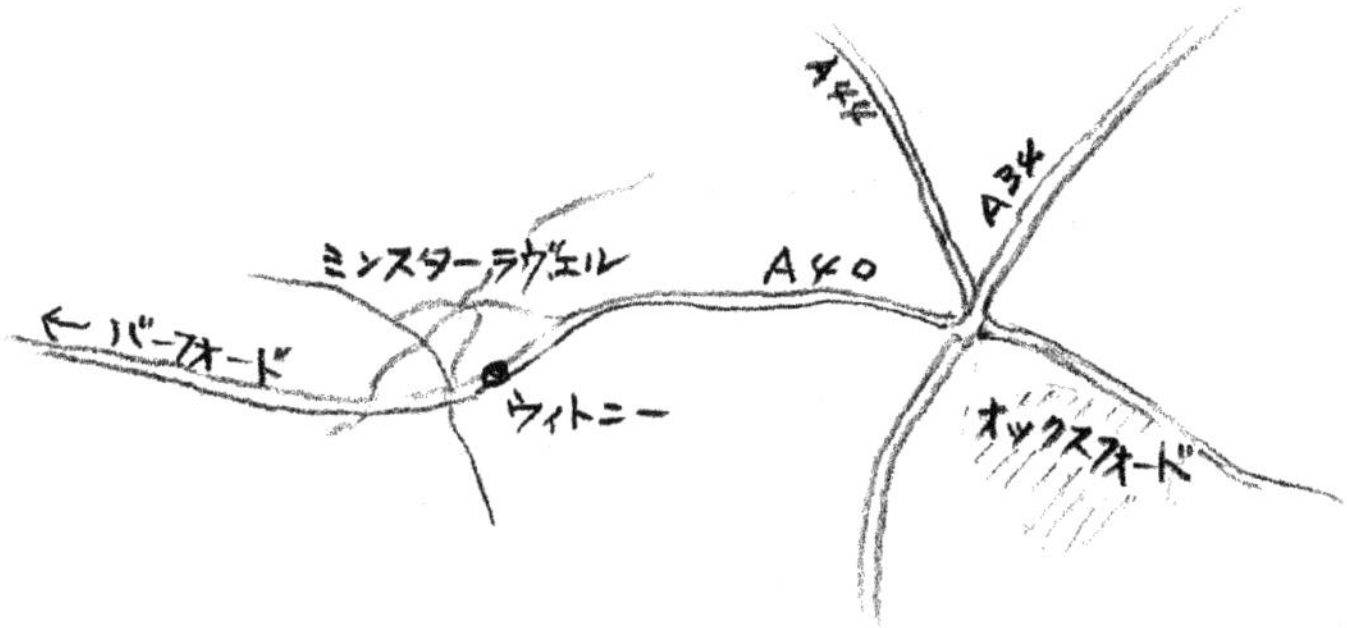

織物の町ウィトニーの、かつての市場の典型的な吹き抜けのマーケット・プレイスの辺りを折れ、田舎道を車で十分程行くとミンスター・ラベルの村に入ります。ひっそりとした藁葺き屋根の多い村です。道は下り坂で、木々の中を抜けると石橋が見えました。「中世橋」です。その下をウィンドラッシュ川が激しい音を立てて流れています。風にせきたてられて速い流れとなって流れる川、という意味かと思っていたのですが、「ウィンドラッシュ」とはケルト語で白い花々という意味のようです。かつてはこの川の土手は一面に白い花が咲き乱れていたのだろうといわれています。

流れは速い。石橋にたって流れを観察してみました。じつに複雑な流れです。流れは木々の茂る中洲の左右から橋のほうに集まってきて、「ザ・ミル・アンド・コンフェランス・センター」と名づけられたホテルの脇で一つになっています。しかし、合流したかと思うと、また円を描くように二筋に分かれ、やがて、その円を閉じるように一つになります。さらに橋の直前でまた二つになって橋をくぐり、くぐり終えるとまた一つになって川下に流れていきます。

人の手の入らない自然な流れは、短い間にこんなにも自由に方向を変え、こんなにも複

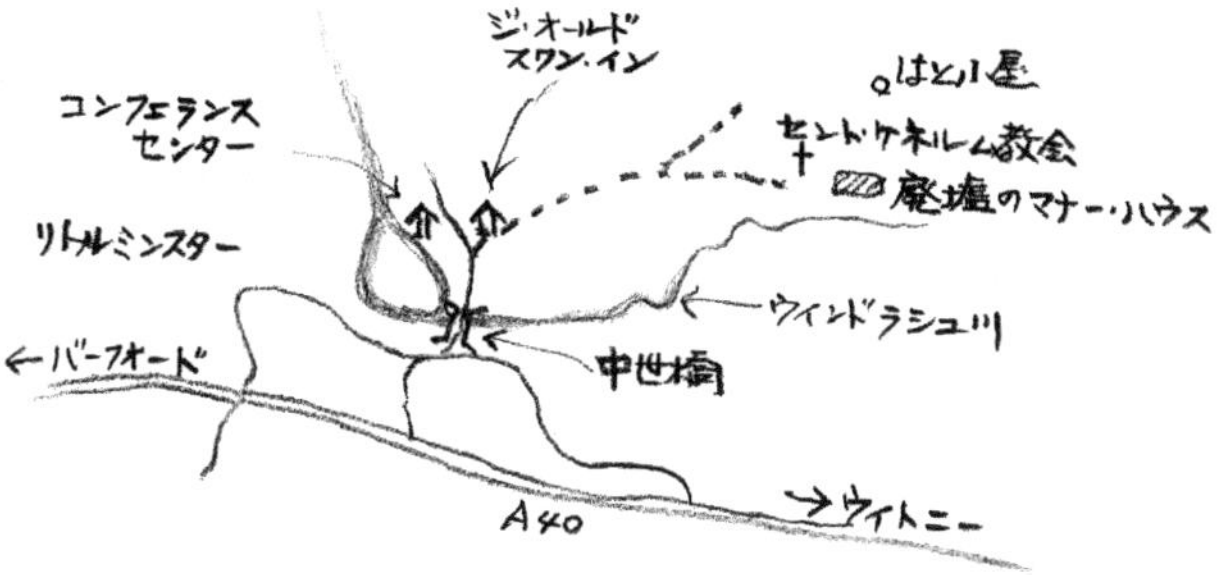
ジ・オールド
スワン・イン
はと小屋
コンフェランス
センター
セント・ケネルム教会
廃墟のマナー・ハウス
リトルミンスター
ウィンドラシュ川
←バーフォード
中世橋
A40
→ウイトニー

雑に流れているのですが、見る者には楽しく、面白くもあります。土手をコンクリートで固めない、すべての生き物が生かされている川の表情はこんなにも豊かなのです。

「ザ・ミル・アンド・コンフェランス・センター」と名づけられたホテルは、かつては古い水車がまわっていた建物でした。その庭に入るとみごとな石造りのコテッジの連なりが川の流れと平行に、川上の方向に伸び、さらに左に折れてコの字型の建物群を形造っています。バイブリーの織物職人たちのコテッジ、アーリントン・ロウと比較しても、決して引けをとらないうつくしい建物ですが、ホテルとして手が入っているのはやはり少し惜しい気がします。

「コンフェランス・センター」の別棟として、「ジィ・オールド・スワン・イン」があります。古くからある宿屋で、一四八四年にはリチャード三世も泊まったといいます。その宿屋を通りこし、ゆるやかな坂を登ってゆくと、その両側にはスレートの屋根の家と、藁葺き屋根の家とがまじり合って並んでいます。家の壁面には「パン焼き家」、「昔の郵便局」などと書かれています。

その前のコテッジ・ガーデンの石垣一面に、春の花々が愛らしい花を咲かせています。坂を登りつめると道はふた手に分かれ、突き当たりに教会が見えました。セント・ケネルム教会です。コッツウォルズの聖人として、この地域で時々見かける名前の教会です。幼くして王となり、聖性をうとまれて十二歳で殺害されるアングロ＝サクソンの王子、ケネルムに捧げられた教会で、この聖人に捧げられた教会は全部で七つあると言われています。チョーサーの『カンタベリー物語』でもそれと分るように語られている聖人だということですが、イングランドの守護聖人、聖ジョージと並んで、その存在は伝説の域を出ないそうです。ケルトに劣らず、アングロ＝サクソン・イングランド人の伝説好きな一面を示す良い例です。

そのセント・ケネルム教会のちいさな鉄の門をくぐり、建物にそって左に折れると一瞬息を呑みました。いままでどの道からも見えなかった廃墟のマナー・ハウスが忽然と現れたのです。崩されてなおも毅然と佇む古《いにしえ》の館というふうに、川辺にひっそりと立っています。大きな窓、扉のない入り口をとおして、額に収まる絵さながらに、木々や川の流れや緑の牧草地が目の前に広がります。一階部分を失った壁のふちが上階から下へと延びて、階下のゴシック窓の線と重なり、ひとつの流れとなっているように感じられます。廃墟の館は水際まで伸びていて、ゴシック窓に連なったその流れる線はさらに川の方へ向かい、流れの音とひとつになってうつくしい音楽が聞こえてきそうです。

暖炉の跡は焼けた石がやさしい赤みを帯びていて、薪を積めば煙は朽ちた煙突からいまにも上に登ってゆきそうです。この館は一一二二年にラベル家によって建てられたのち、長い時間を経て、なんと一九三五年に当時の所有者が手を入れて修復することはない、と決定するまで、めまぐるしく人の手から手へと渡りました。さらになんどか部分的に崩され、そのつど石は売られたり、盗まれたりしましたが、代々の王たちが係ったこともありました。一四四一年にはセント・ケネルム教会とその土地はヘンリー六世（位一四二二―六一）により、その前年に設立された英国一のエリート校、イートン校へ与えられ、いまも教会はイートン校の管轄下にあるということです。金銭ほしさに家を崩して、石を売ったり、他の場所で使用したり、とこのマナー・ハウスは大変数奇な運命を辿っています。現在ではイングリッシ・ヘリテイジ（英国遺産）という政府系団体の所有です。

暖炉の後ろには地下に通じる道があり、リトル・ミンスターの石切り場まで続いていたそうです。「中世橋」をわたり、右に坂をのぼると、そこがリトル・ミンスターです。ミンスター・ラベル村はリトルとジィ・オールドのふたつからなっています。しかしマナー・ハウスにはかつて丸天井をもつ地下室があって、ヘンリー七世（位一四八五―一五〇九）との戦いに敗れたこの館の主、フランシス・ラベルがひそかに館に戻り、その地下室にこもっていた、という伝説があります。年老いた召使が気付かれないように食事を運んでいたそうですが、召使が死ぬとフランシスも紙とペンをまえにして、椅子に腰掛けた姿のまま白骨化したそうです。

川を挟んだ向かいの林の木々は、まだ葉をつけない枝を天に向けて真っ直ぐに、幾筋もの端正な列をなして無数に立っています。ポプラでしょう。ウィンドラッシュ川はこの辺りでは少し速度を緩めゆったりと流れています。二月ころから水量は増し、三月に入った

3　ミンスター・ラベル

いまも川辺はまだ水に浸ったままで、そこにもここにも小さな水溜りが残っていて、春がまだ浅いことを告げています。丸みをおびた土手の窪みはかぎりなくやさしく、触れればすぐにも崩れそうです。川辺と水の境目はここにもなく、水と木々と草と土がひとつに溶け合っているのです。

モリスはバーフォードからケルムスコット・マナーに向かうのに、時々このミンスター・ラベルの村を通って行きました。一六八三年に開館した、英国最古のアシュモレアン博物（美術）館はオックスフォード大学の所属です。そこには「白馬の谷」の章で詳しく述べますが、アルフレッド大王の七宝の宝飾品と並んで、ミンスター・ラベルの宝飾品として、同じく七宝のブローチのような飾り物が展示されています。この辺りはうつくしい工芸品を生み出す手仕事の伝統があった地域です。

館の歴史や伝説のおぞましさとは逆に、ミンスター・ラベルというその名前の響きはたいへんうつくしく、透きとおった柔らかな響きの、中世の鐘の音が聞こえてきそうです。セント・ケネルム教会は十五世紀の建物ですが、建物そのものが完全に十字型で、中央が鐘楼となっています。教会建築としてはよくみられる様式です。教会内部に入り、その塔の部分に立って上を見ると、丸い大きな穴があいている設計となっているのが分ります。吹き抜けではありませんから鐘は見えないのですが、一本の細い紐が天井から降りていて、鐘を鳴らす仕組みです。カン、カン、カン、であったか、リン、リン、リン、であったのか記憶がはっきりしませんが、鐘の音は単音で素朴極まりない響きでした。礼拝式の進行に従って、ときおり慎ましい婦人が進み出て、その白い紐を引くのですが、気負いのないその響きを聞いていると、信仰の原点に戻ったようでこころ洗われる思いです。モリスはこの響きを聞いたことがあるでしょうか。もし聴いていればこの素朴な音をとても気に入っていたはずです。なにしろ笛の音のような素朴な響きが好きな人でしたから。

川岸は小鳥たちの聖域で、まだ浅い春の、いまにも雨の落ちてきそうな雲の下でも、春の光を全身で感じているのでしょう、無数の鳥がときに低く、ときに高く、また鋭く、やさしく澄んだ声を響かせながら行き交っています。その響きも川の流れに溶け込んで、水とひとつになり流れてゆきます。この廃墟にまつわる伝説が、あのいまにも煙を上げそうな暖炉跡のように人の気配を感じさせるのですが、この川の音と小鳥のさえずりは伝説の血なまぐささを浄化して、自然と人間の暖かなかかわりを感じさせてくれます。ワイ川の川辺に建ち、ターナーやワーズワースなどの画家や詩人を魅了し続けてきた、廃墟のティンターン・アビーのうつくしさのように、むしろ歴史の時間の長さに裏打ちされた、堅固で毅然としたうつくしさです。

目を牧草地のほうにやると円錐形の屋根の上に煙だしのようなハトの出入り口のついた小さな建物が見えました。領主館に隣接する農場に建てられた、食料としてのハトの飼育小屋です。扉を開けるとそのうつくしさに圧倒されました。丸いドーム型の天井には、教会の天井のように白い漆喰の中に幾筋もの木枠が組まれています。その白い壁一面に小さな四角い穴が整然と並び、円錐の屋根のてっぺんから漏れてくる幾筋もの光は、仄暗い中にもはっきりとそれらの穴を浮かび上がらせています。そのひとつひとつの穴から、首を出して目を光らせているハトを想像すると異様ではありますが、建物の構造としてはとても精巧なうつくしいものです。

モリスが好んだ場所にはみな共通する点があることにようやく気づきました。そのもっとも著しい点は、どうやら川が流れていて昔の面影がそのまま残り、自然が限りなく人の心にやさしい風景であるということ。そして人の簡素な生活の匂いがする所、ということに尽きるようです。第五章で述べるバイブリーのように労働の場が村のなかにある、ということが大切なのです。

モリスが言う「灰色の村」とは、川に架かる石橋と民家、そのなかで伝統の職業について働く人々の姿を浮かび上がらせる言葉です。「うつくしい村」と呼ばれたバイブリーを思い出しながらミンスター・ラベル村の坂道を登り、「パン焼き家」、「昔の郵便局」など、家に掲げられたかつての商標を見ているうちに、ようやく、あまりにも当たりまえな結論に至ることが出来ました。村が観光地となって、「博物館」のようになってしまえば、モリスの言った「灰色のうつくしい村」という表現のもつ意味が摑めなくなることによようやく気付いたのです。

モリスの中世好みはよく強調されますが、中世風などである必要はありません。時代はいつの時代でも良いのです。しかし、自然も風景のなかの建物も時を重ねて風格をまし、なおかつ堅固で時に耐えうるものがモリス好み、と言ったら良いのかも知れません。確かに騎士物語が好きなことは否めません。ドーチェスター教会にしろエディントン教会にしろ、横臥する騎士の石棺が置かれていて、中世を偲ばせる材料にはことかかないのですが、それ以上に素材が素朴で堅固なことと、その背景となっている自然に人の手がむやみに加えられずに、そのまま保たれていることのほうがモリスの好みだといえます。時間の制約から解放された後期のロマンス群をみれば良くわかることです。装飾としてのデザインは別としても、昔からそのまま保たれてきた自然景観や建造物の素材に、地球のいのちとしての時が感じられたとしても、それらは時をこえたものであるはずです。風雨、嵐、雪崩といった過酷な自然と、時を耐え抜いてまだやさしい自然のいのちを感じさせてくれるものがモリスの好きなものであり、好きなところなのです。

白い漆喰と茶色の木枠の、丸い端正な建物を覆う黒いスレート屋根のハト小屋から眺めると、ウィンドラッシュ川の流れる瑞々しい緑の谷あいの地が一面に伸び広がっていて、どこまでも広々とやさしい自然が目をさえぎるものもなく眺められます。その起伏する一面の緑の中で、羊や馬たちがゆっくりと草を食んでいる光景には、凛とした廃墟の持つ歴史の重みがあります。モリスが好んで歩いたこのコッツウォルズの地域には、確かに時を越えた重みがあります。しかし生活と労働の場としては、モリスの呼ぶ「村」ではもうないかも知れません。

晴天と嵐

語らずに　動かずに　聴いてほしい　空には金色が漲《みなぎ》り
川にはさざ波もなく　野原や羊の群れを乱すものもなく
遠くのまだ見ぬ海のほか　煌《きらめ》いてはしても　閃光を放つものもない

過ぎ去った歳月を忘れ　心はひき裂かれたままでも
思い出はみな秘めておこう

丘の斜面に悲しみはなく　天空に憐れみもないが
まだ語られぬ喜びが野や花や木をみたしている

見てはいけない　君を心にとめない人を　語ってはいけない
聴いてはくれぬ人に　願ってはいけない

慈愛などもたない人に　呪ってはいけない
畏《おそ》れをいだかぬ人を　謙遜にふるまっても
君を心にとめてはくれぬまま　この世は長くつづくだろう

頭《こうべ》をたれて　心静かに
明るい夕べがいまだ君をあざ笑っているのだから
黄昏《たそがれ》の光のなかで　夜はふかまり
夏は君の不幸を暗いものとはせず　月は海を去っていった。

灰色の目をした朝が過ぎゆかぬうちに
君の話を語ろうなどと望んではいけない
灰色の雨模様となった夜明けに　一日がはじまるまえに
つぐみが君をあざ笑って明けの明星の輝かしさを唄うであろうから

静かに　疲れ果てている君よ　つらい仕打ちが終わるまで
夏の喜びに陰がさし　風はいつしか凪《な》いで
流れるちぎれ雲と　物悲しい季節がやさしく耳をかし

君を目にとめてくれるだろうから

君は悲しみを思い出し　君の話をすべて語るだろう
雨が谷をつつみこみ　木々が嘆きごえをあげるなかで
明日よりもずっとさきを思ってごらん
陽光はいまでも射しているではないか

丘の斜面とその陰にあるぶどう畑　猛り流れる川は
溢れるほどの流れとなって　北の地にあつまり
君のやすらぎに足るものとなろう
君の涙はとめどなく流れ　思いでが蘇るにまかされているのだから

さあ憩いなさい　君をとりかこむ嘆きと
偽りのない光に照らしだされた嘘は
君が大地をこえ海をこえて　不幸を調和あるものと思うとき
茜色《あかね》の空のしたで　悲しみの光とはなりはしない

この詩は『地上楽園』執筆当時（一八六八―七〇）、ロセッティと妻ジェインとの関係に苦しみながらアイスランドに向かったモリスが、執筆中の詩集の脇にふと書き込んだ詩のひとつです。アイスランドに出発する直前に書かれたのではないかと思わせるような詩です。「猛り流れる川」はモリスのこころを反映したウィンドラッシュ川かも知れません。「丘の斜面とその陰にあるぶどう畑」もかつては存在しました。現在、英国産のぶどう酒がフランスに出荷されるという、考えられないようなことが起きていますが、英国ではこの地域から南のケントにかけて、ぶどう栽培が復活しているのです。「遠くのまだ見ぬ海……」や「溢れるほどの流れとなって　北の地にあつまる」川、という表現をみていますと、数奇な運命のこの廃墟の館とその脇を流れるウィンドラッシュ川は、アイスランドに向かう直前のモリス、その人と重なって見えてしまうのですが。

4　ケルムスコット

バーフォード
リトルファーリンドン村
ケルムスコット村
レッチレイド
マナー
セントジョージ教会
ラドコット
（一番古い橋）
オックスフォード
A417
イートン
ヘイスティング
A4095
A420
バスコットの森
A361
（ファーリンドン）

ケルムスコット村はレッチレイドから車で、野原のなかの農道のような道を抜けてようやく辿りつけるちいさな村です。モリスの時代から一九五〇年代まで鉄道がレッチレイドまであったのですが、いまはそれもなく車に頼る以外ありません。ケルムスコットに招いた客人を鉄道の駅までモリスはいつも迎えにゆきましたが、その駅舎跡もいまではすっかり雑草に覆われて、道路の下のトンネルが僅かに昔を偲ばせているだけです。車の往来の激しい道路の上から見ると、道の下には川が流れているとしか思えません。

土手を降りると草に覆われたその下に、かつては線路が敷かれていたことが容易にわかりました。線路はそのあたり一面に広がる野原に敷かれ、列車は当然その野原を横切って走っていたことになるのですが、緑の中を煙を上げて走る巨大な鉄の塊と、アイスランドから連れ帰った仔馬に乗って客人を出迎えたモリスの姿を想像すると、なにかとてもそぐわない、奇妙な光景のように思えます。しかし対照のおかしさとはべつに、遠い昔の光景がいまはなにもない野原に立つと懐かしくさえ思えてくるのは不思議です。でも線路が取り払われて、けたたましい汽笛の音もなく、黒煙もあがらない一面の緑の野を見ればモリスは喜ぶに違いありません。

しかしコッツウォルズの村や町のなかには鉄道が廃止された結果、すっかり寂《さび》れてしまったところも少なくないのです。そんな人間のいない自然をモリスが喜ぶかどうか疑問です。森なども、薪をとったり、家を建てたりするために必要な場所であって、モリスの意識のなかでは、やはり人間のために自然があるようです。「自然は人類とのかかわりによって、良くなることはあっても悪くなることはありません」と言ったモリスの言葉を思いだすと、人のいない自然にどこまで意義があるのでしょうか。

子供時代を過ごしたエッピングの森は、蜜蜂などのちいさな虫や花、蝶や魚、小鳥や川のせせらぎ、そして緑の風などにあふれ、モリスにとって、そんな自然の森との戯れは楽しい思い出に満ちたものでした。ですから未来の時間に設定されたユートピア物語の世界で、子供たちの学校は「森の学校」となっているのです。自然はそれだけで確かにうつくしいのですが、モリスにとって、それをうつくしいと感じる「人間」が大切なのです。

ともかく車でレッチレイドの町を抜け、ラドコットの方向に細い道を進むと、うっそうとした木々の中に小さく「ケルムスコット」と書かれた道しるべがありました。さらにその道に沿ったリトル・ファーリンドン村の家並みを通り越すとそこは一面の野原でした。車一台ようやく通れる農道をだいぶ走った辺りで小道はまた木々に覆われ、ふた手に分かれました。標識に従い右に折れると家々が現れ、村に一軒しかないパブの前に出たのです。さらに道はまたふた手に分かれ、左にいけば「モリス・メモリアル・コテッジ」とモリスの田舎の家、ケルムスコット・マナーで、真っ直ぐいけばモリスとその家族三人が埋葬されているセント・ジョージ教会です。

庭の木のしたで、幹に寄りかかって腰をおろし、家の方向を眺めているモリス像を刻んだ石「ホーム・ミード」を壁面にはめ込んだメモリアル・コテッジは、学生時代からの親友で建築家のフィリップ・ウェッブ（一八三一―一九一五）によって建てられました。モリスの新婚の家、レッド・ハウスを設計したのもウェッブでしたし、墓石のデザインもしたのですから、モリスの生涯の節目をことごとく飾った親友として、バーン＝ジョウンズ（一八三三―九八）と並ぶ人でした。バーン＝ジョウンズはオックスフォード大学への入学試験の会場で出会って以来、モリスの無二の友となり、絵画ではラファエル前派の栄華をダンテ・ガブリエル・ロセッティと二分した人です。しかし、いまではそのメモリアル・コテッジも個人の住宅となっていて、外からそっと通りすがりに、うつくしい前庭の花々を楽しむだけで、その家に入ってみることはできません。

そこを通り過ぎると小さな四辻があり、その一方に緑の空き地がありました。

その空き地を取り囲む塀の石を見て驚きました。なんと変わった塀なのでしょう。この地方の塀はどこも小さな石を丹念に積み上げてつくる塀なのですが、ここは大きなトランプ・カードのような真っ黒なスレートのような石が並んでいるではありませんか。後ろ側を見るとパイプと針金で無造作に留めてあるだけでした。ひろい空き地の二辺に並ぶ無数

4　ケルムスコット

の四角い大きな石。この地方はいまでも薄クリーム色のコッツウォルズ・ストーンを産出しているのですが、その数はたいへん僅かです。

この地域一帯に残る石切り場の跡は大地が深く抉《えぐ》られて大きな穴となり、水が溜まって池か湖のような光景を呈しています。この事実を知らない人にとってはうつくしい景色に見えるかも知れません。おびただしい数の水溜りとなってしまった場所は現在ウォーター・パークと命名されています。巨大な水溜りは池か湖にみたてられ、その辺《ほとり》に住宅やレストランが建てられ、再開発されています。人気のある地域だからこそ出来ることなのでしょうが、実際には人が大地に与えた大きな傷跡なのですから、こういう再開発がおこなわれるのは不幸中の幸いとしかいえません。

ですから目の前の塀はもうこれからは殆ど切り出せない、とてつもなく貴重なこの地方の財産としての石なのです。そんな石がたいそう素朴な、人間の手を最小限に抑えた形で並んでいます。トランプ・カードのようにやさしい四角の厚みを帯びた石の塀。後で分ったことですが、その空き地はパドックだそうです。そういわれてみるとスレート塀は馬が跨ぐにはちょうど良い高さです。塀というよりは石の柵なのでしょう。馬好きのモリスはさぞかしこの素朴な緑の空間と石の柵が気に入っていたことでしょう。

ケルムスコット・マナーはそのパドックの少し奥でした。表から見るとさしてうつくしい家とも思えなかったのですが、門を入り庭を流れる「ちいさなテムズ」の川辺に立ってみると破風《はふ》のうつくしい変化に富んだ建物であることが分ります。毎年、夏の間だけ、しかも一週のうち一日か二日だけ公開されるこの家を見ようと各地から人々が訪れて村はにわかに活気を帯びるのです。コッツウォルズの他の村に比べ、この村には観光客の目を引くものはなにもありません。もしモリスを慕う人々が訪れなければ、このなんの観光資源もない村は、交通手段もないまま人々に知られず、コッツウォルズの片隅にそっと佇むしかなかったでしょう。テムズの流れもおおくの人を魅了し、観光客を集めるほどではないようです。しかし、だからこそこのひっそりとした農夫の村はモリスの目にとまったのかも知れません。

この石の館は十七世紀に、裕福な羊毛農家のターナー家によって建てられましたから、領主の館《マナー・ハウス》などではありませんでした。しかし破風のうつくしい立派な館であったため、マナーと呼ばれてきました。建てた当時の家具や装飾品もそのまま残っています。ベルギー産のタペストリーを壁一面に垂らした、「タペストリーの間」は良く知られていますが、モリスはそれが好きではなかったようです。その家をモリスが借りた当時、既に色褪せていたためかろうじて我慢できる装飾品だったということです。

中世主義者とまで呼ばれるモリスが、石の壁をタペストリーで飾るという大変中世的な趣味をなぜ好まなかったのでしょうか。ロンドンのケルムスコット・ハウスの寝室に織機をもち込んで、長い時間をかけ、モリスもタペストリーを織ったではないでしょうか。聖書の人物サムソンから題材をとったその絵柄が嫌だったという訳でもない筈です。両腕を青や赤に染めてうつくしい色合いを追求したモリスですから、そのタペストリーはきっと深みのない色や人物の織り方だったのでしょう。物語『ユートピアだより』の中の「古い石の館」の章では、一言、「芸術性がない」とだけモリスは語っています。確かに、サムソンは見る人に「グロテスク」というような印象を与えるようです。

屋根裏部屋に上がってみました。ビールの蒸留器やパン焼き釜などの置かれている建物の脇の、まるいちいさなとんがり屋根の建物が見えます。ある日つぐみがやって来て、そこに置いてあったいちごを食べてしまったようです。それを見ていたモリスはさっそくあの「いちご泥棒」のデザインを描いた、といわれています。庭には何種類ものりんごの木があり、また柳の木も何本もあります。でも楡の木がありません。「楡の木の下で」というエッセイが書かれたあの楡の木はどこへいってしまったのでしょうか。どうやら切り倒されたようです。無数の鳥がやって来てうるさくてしょうがないので切った、と言うのですが、木を剪定《せんてい》することさえ嫌ったモリスが許すはずのないことです。

隣村のイートン・ヘイスティングスの川岸にあって、モリスの記憶では十七年間剪定されたことのなかった柳の木が、或る日散歩の途中で見ると切り株だけにされてしまったのを見て、モリスはすっかり腹をたてました。近くの教会の司祭の仕業だったらしいのですが、「あの乞食坊主にその木で義足を作ってやりたいものだ」などと憤慨したようすが手紙に残されています。ましてや自分の庭にあった楡の木を切り倒すなどということはモリスには断じて考えられなかった筈です。「楡の木の下で」というエッセイを読むたびにモリスを思ってこころが痛くなります。

モリス家の菩提寺ともいえるセント・ジョージ教会に行ってみました。小さな村の教会です。墓地も広くはありません。モリスの墓を捜してみました。見当たりません。狭いところなのに不思議でした。そうだモリスは無宗教協会の信奉者だったのだ、と思い出しました。十字架のある墓石ばかり見ていたのです。

発想を変えてもう一度見回すと、入り口に近い、通りに面した隅にありました。他の墓からまったく離れて、まるく刈り込まれた木の陰に墓石が見えています。その墓石は細長い屋根の形をした灰色の石で、片側にモリスと妻のジェイン、そして反対側に娘メイとジェニーこと、ジェイン・アリスの名前が刻まれています。木の陰に、枝の下に隠れるように、土の上に横たわるようにおかれた、限りなく素朴な形の墓石です。その土地の伝統的な形に従って、フィリップ・ウェッブがデザインしました。モリスをよく知る人々には、このような形しか考えられなかったに違いありません。墓石が垂直に立つ形ではなく、大地に寝そべっているというふうです。家族が揃って一軒の屋根の下で安らいでいると思えるような形です。

モリスが息を引き取ったのはロンドンでしたが、一番好きだったこの村に運ばれて、その村の教会に埋葬されました。墓石をとおしてモリスは、死んだのではなくいまもその大地に眠っているだけなのだ、と言いたげです。モリスの死生観からすると当然の帰結です。モリスの主張はいつも、「死はただ単に生が姿を変えたもの」であったからです。ですからフィリップ・ウェッブもモリスが一番愛した土地の、その風習に即したもので、さらに家族全員が憩える形にしたのでしょう。自ら探し出した、川の流れる長い歴史をもった地域の、素朴な村で家族とともに安らいでいることに、モリスは満足しているのではないでしょうか。

六月

六月よ、　六月　僕たちがこんなにも願った月
今日一日僕たちを幸せにしてくれないだろうか
君のやさしい微風《そよかぜ》が川を吹き渡る
遠くの豆畑の香りを帯びた風
僕たちの頭上では灰色のポプラがサワサワと音をたてている
空は穏やかに雲に囲まれ
嵐がくる気配に朝はまだおびやかされてはいない

ごらん、僕たちは希望も恐れも置きざりにして
心そのものを君の方に向けたのだ。
ここより良い場所を僕たちはどこに探しだせようか。
海も知らず　都会の惨めさも推し測ることもない
この愛らしい流れのほとり、
この小さな名も知れぬ村々を縫《ぬ》う流れ
この遠く離れてひとり流れるテムズの母

だから　六月よ　君の優しさを　この地で　僕たちは受けよう
だが、もし僕たちがうなだれた人間にしか見えないならば
どうしたらよいのか　目覚めたら君は僕たちから　この類《たぐ》いまれな
幸せな夢の支えを奪ったりしてはいないだろうね　流れのささやき
木々のざわめき　小鳥のさえずり　そして君の無数の平和で楽しい言葉から
逃れたいなどと僕たちに思わせたりはしないだろうね。

この詩「六月」は詩集『地上楽園』のなかの十二の月の物語を導入するための唄―ソン

グの部分です。モリスはこの詩集により、当時の最も優れた詩人であると考えられていました。詩はニュー・ブリッジから二マイルほど上流の川岸を描いたものだと、作者モリス自身が語っています。「テムズの母」とはテムズ川の水源がこの辺りと言われていることからそう表現したものです。バスコットの森に娘たちを連れて散歩に行く途中いつも歩いていた川岸だと思われます。

ニュー・ブリッジを少しこえるとジィ・オールデスト・ブリッジがあり、文字どうりその橋がテムズ川に架かる一番古い橋で、ラドコット橋と呼ばれています。いずれも立派な石橋で長い年月を耐えてきた橋ですが、ラドコットの方はなんども修復され、長さも伸ばされ、だいぶくたびれた様子です。石の橋を橋の理想とするモリスにとっては、水の澄んだテムズの上流に架かる古い石橋というだけで、もっとも愛すべき風景のひとつであったと思います。しかしこの詩から考えられることは、英国でいちばん爽やかで美しい六月という季節の中にあっても不安だらけのひとりの詩人のこころの内です。妻ジェインとロセッティとの問題に苦しんでいるときの詩です。

5　バイブリー

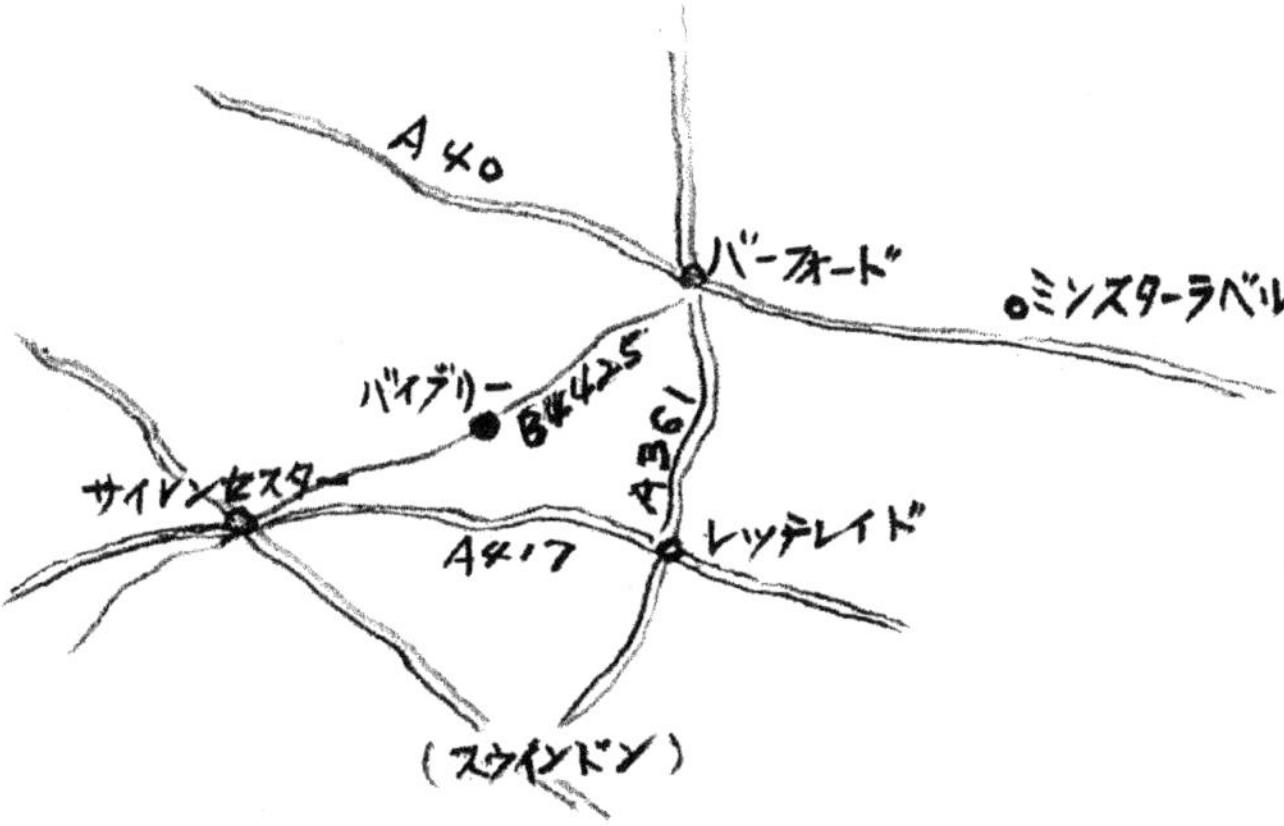
A40
バーフォード
ミンスターラベル
バイブリー
B4425
A361
サイレンセスター
レッテレイド
A417
（スウインドン）

レッチレイドからもバーフォードからも車で二十分位でしょうか。両側に一面に広がる緑の野を縫って走る道路から、バイブリーという標識にしたがって小道を折れ、木々の覆いかぶさる林の中の道を進むと、村らしきところのはじまりを告げる家々が現れました。サイレンセスターから平日は一日二本ほどバスがあるのですが、その他の場所からは公共の交通手段はまったくないのでタクシーに頼る以外ありません。

その道は現在でも細々と織物業が続いている町、ウィトニーからミンスター・ラベル村にゆく小道とまったくおなじく、木々のなかを抜けるとそこが村でした。起伏のはげしい丘と丘につつまれるようにひっそりと佇む村。コルン川の流れる谷あいの村で、モリスが「イングランドで一番うつくしい村」と言ったのは事実なのですが、コルン川の荒れようはこの十年くらいなんとも悲しい状況です。冬に雪が降らないだけでなく、雨量も少ないため、傷ついたような川底を露《あらわ》にしたまま水量の少ない流れが、鴨や白鳥も少なくなったまま寂しそうに流れているのです。

ところがはじめて冬場にやって来て見ると、水量も以前と変わらず川はゆったりと流れていて、この村は相変わらずうつくしいことに気づきました。鴨や白鳥も戻ってきて、数

羽の鴨がいっせいにえさを探そうと逆さに水に潜《もぐ》り、まるい腰と水かきのついた脚を空中でばたばたさせているさまは、以前と変わらずほほえましい光景です。

スワン・ホテルの方へ目をやると、石橋の向こうでは冬場としては強すぎるほどの太陽が、枯れた葉をつけたままの木々を赤く燃え立たせ、晩秋のような光景を呈しています。マスの養殖場からも澄んだ水が勢いよく川に流れ込んでいます。川の水は限りなく澄み切って、川底の水藻が流れの方向へゆらゆらと水にひきずられ、大小の石も力を取り戻したように澄んだ水の中で落ち着きを見せているのです。冬の肌を刺すような寒い大気のなかで村はうつくしさを取り戻し、モリスの言葉が正しかったことを示しています。マスの稚魚も数匹泳いでいるのが見えます。

かつては狩猟クラブのクラブ・ハウスであったバイブリー・コートの中を流れるコルン川に掛かる石橋の上から見ると、急な傾斜となった地点で流れは白いしぶきを上げながら滝となって下り、橋の少し前でふた筋の流れとなって、その一方は水車小屋の方へ流れています。アーリントン・ミルと並んでこの村にふたつあった粉引き用の水車小屋のひとつで、いまでもその石臼が小屋の外に飾られています。

その小屋を通り過ぎ、丘を登ってゆくと円錐屋根の小さな建物が門の脇にある大きな家が見えました。その家に廻らされた石塀はこの地方特有の丁寧に石を積み上げ、丸みを帯びたやさしく長い塀です。コッツウォルズの石塀でも、形には二種類あり、一方は積み上

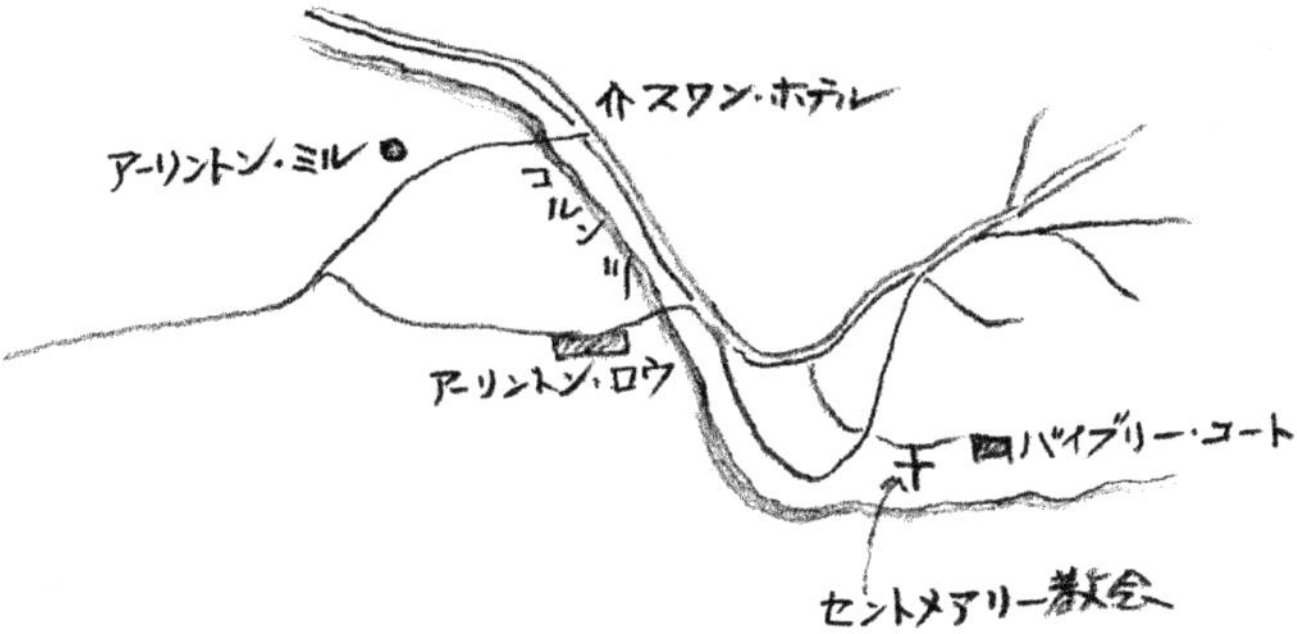
スワン・ホテル
アーリントン・ミル
コルン川
アーリントン・ロウ
バイブリー・コート
セントメアリー教会

げた石垣の上にとがった石が乗っています。コンクリートを使わずに積み上げるドライ・ストーン方式という点では同じなのですが、上にとがった石をのせるか、のせないかではかなり景観に違いのあることが分ります。

塀に沿ってさらに登ると見渡す限り一面に緑の牧草地が広がり、向かいの枯葉をいっぱいつけた樹木の生えた丘との谷あいに、一筋の蛇行する太い線のようなコルン川がとうとうと流れているのが見えました。なんとも雄大な眺めで、バイブリーが村であることを忘れるほどでした。枯れた葉をそのままつけていた木々が、冬の強い風を受けていっせいに茶色の葉を緑の丘の斜面に落としたらしく、一面の緑の芝を茶色の葉が蔽っています。

そんな色合いの混じりあう中を足元の乾いた音を聞きながら進んでゆくと、また石塀がながく伸びている場所へと来ました。枯れ木を透かして下を見るとそこには灰色の石造りの村が眼下に広がっているのです。転げ落ちそうな眼前の一面の緑の斜面と、左手の谷あいにはゆったりと流れる川、そして右手にはひっそりと佇む灰色の村。なんとうつくしい眺めでしょう。そしてモリスの言葉のなんと確かなことでしょうか。

枯葉を踏みしだきながら眼下の村を眺めていると、強い北風が枯葉を舞い上げ、冬空の下で葉を落とした巨大なオークの根元へと運んでゆきました。丘のいちばん登りつめた辺りは数十本のオークが茂る小さな森となっているのですが、葉を落とした木々の下は苔むしています。枯れ枝の間から差し込む冬の陽が、普段は仄暗い根元のその苔を金色に染めていて、そこを茶色の枯葉が舞うさまを見ていると、オークがご神木であった遠い昔の日々に生きているような気分にふとなりました。

ザ・ナショナル・トラストのマークにもなっているように、ブリテン島はオークに蔽われた島だったのです。大きなオークが庭にあれば、その家は古い家柄の、由緒ある家というふうに人はみなします。

ヨーロッパ大陸を追われたケルト人がローマ人やアングロ゠サクソン人よりずっと以前にブリテン島に渡り、定住したのですが、大陸にいたときからケルトは森の民で、オークを神聖な木とみなしていました。そこでかれらの宗教はギリシャ語で「オーク」という意味をもつ「ドルイド教」と呼ばれたのです。

最近の研究ではケルト人がブリテン島に渡ったのはローマ人に追われたからではなく、大陸に森が少なくなったからではないかとも言われるようになりました。人間が口から葉っぱを吐き出している絵や彫刻がヨーロッパのいたるところにあります。グリーン・マンとして知られるものですが、ケルトに限らずヨーロッパの森の民のなごりなのでしょう。キリスト教以前の、人間が密接に自然とひとつであった時代の象徴的な文様として、ゴシック建築の時代にも、またルネッサンス時代の絵画や建築にもグリーン・マンは排除されることなく顔を覗かせています。かつて島中がオークに蔽われていたブリテン島のグリーン・マンは、オークの葉を吐き出しているものが多いのかな、などとさまざまな想いが消えてはまた浮かんでくる瞬間でした。

セント・メアリー教会の内陣の外壁にアングロ＝サクソン時代の墓石が礎石としてはめこまれています。その石の表面には文字などはみえず、一面にまるい輪を鎖のようにつないだ装飾がほどこされています。

アングロ＝サクソン時代とは四、五世紀から十一世紀までの時代ですが、バイブリーに人が住み始めたのはそんな時代よりもっとずっと前のことでしょう。そんなにもここは古い村なのです。しかし、その鎖模様はスカンジナヴィア方面のヴァイキングのものだという人々もいます。アングロ＝サクソンもヴァイキングも、大きく分ければ大ゲルマン人ですので文様が似ているのは当たり前です。アングロ＝サクソン人たちが国を守るために戦ったのはデーン人と言われていますが、デーン人とはブリテンを襲った侵略者の総称です。その装飾がヴァイキングの文様であったのかもしれません。時代が判別できないほど、この村はやはり古いのです。

うつくしい川のあるところに人が早くから住みはじめたのは当然なのですが、そんな歴史の古さと澄んだ水の流れ、そして石造りの家々が佇む灰色の村は、そこに暮らす機織職人たちと水車小屋のある風景が加われば、もう何も言うことがないほど完璧に、モリスにとってはうつくしい村だったはずです。人間がいない、景観のうつくしいだけの自然をモリスは良しとしないからです。なぜならば人間も自然の一部とモリスは考えるからです。

ヨーロッパには自然論争という形で、人間と自然との関係について議論することが知識人の間で長く続いてきました。「欧米は自然を屈服させて、制覇してきた。そこでヨーロッパでは自然と人間を対立するものとしてとらえている」などと考える人もいるらしいのですが、そうではありません。「人間存在とは何か」を長い間論争という形でつづけてきたヨーロッパの人々は、それだけ深く、自然と切り離せない人間という存在を見つめて来たといえるでしょう。

ヴィクトリア朝人モリスも例外ではありませんでした。ですからモリスは河川や森などの自然のうつくしさと人間との間のバランスがとれていることを願っているのです。うつくしい自然の中で、うつくしい人々が、うつくしい装身具に身を包んでいるさま、それこそ、その状態がモリスのユートピアです。

豊かな緑の自然と同時に、簡素でここちよい住居空間や手づくりの装身具など、そういった生活に必要なものを作る労働の場があるということも、生活の質の向上を目ざすには何にもまして必要なことでしょう。水車小屋と大きな歯車。機織職人と彼らのコテッジ。労働の場とうつくしい自然景観のその両方がそろっている村。丘を登れば羊や牛が草を食む牧歌的な村。そういう意味でモリスの時代までバイブリーはうつくしい村でした。

さらに釣り好きのモリスにとって澄んだ水と魚は理想郷の必須条件です。この村を縫って流れるコルン川にはさぞかしマスの数もモリスの時代には多かったことでしょう。釣りをだいいちの趣味としていたモリスにとって、まさにバイブリーは「イングランドでいちばんうつくしい村」であったことはうなずけます。

周辺の他の村に比べて、バイブリーは決して大きな村ではないといいます。バスの便も平日は二便、そして土日は皆無ということからも確かに大きな村でないことはすぐ分ります。

しかし家々は丘の中腹にも拡がっていて、アーリントン・ミルから坂を上がった辺り、或いは機織職人たちのコテッジの横から上がったところにも大きな家が無数にあります。どの家も石の塀が廻らされていて、門から玄関へと通じる小道にはマッシュルーム形の石が灯篭のように並べられています。その石は麦干し用の道具で、かつては刈り取られ、束ねられた麦の一方の端を広げてその丸い石に被せ、麦干しが行われたのです。しかし現在ではたいそう愛らしい庭の置物となっています。そして端正な造りの大きな家々が並び、谷あいをながれるコルン川の周辺にも教会を中心として多くのこぢんまりとした家が建ち並んでいます。労働と自然のバランスが程よい所でもありましたので、生活の向上を目差すことを民衆に鼓舞していたモリスのもっとも好むところであったと思えます。モリスは、'beautiful' を用いているのですが、これは深い感情をともなう言葉です。単に表面的にうつくしいだけではすまない言葉です。

いまはホテルとなっているバイブリー・コートに一泊し、翌朝カーテンを開けて驚きました。窓の外は一面の雪で、浴室からみえていたセント・メアリー教会の庭も真っ白です。苔むしたスレート状の屋根も、ところどころ薄くけずられた黒い石の姿をのぞかせてはいるものの、大方はすっぽりと雪の下に埋もれています。川の流れは激しくて、さすがに凍ってはいませんが、村は白い雪につつまれて眠ったようです。

前日、村人と話をしていた際、夏の間コルン川の水量が少ないのは冬に雪が降らないせいでもある、とのことでした。そこで、長い間雪が降らない、と村人が呟いたその翌日に雪が降ったのも、川がうつくしくないと呟いたわたしたちの言葉に、「一番うつくしい村」は立腹したのかもしれません。これで来年の夏には川にゆったりとした水が戻るかもしれません。かつてみたように少年たちが川に入ってマスを手でとろうとするでしょうか。

アーリントン・ミルに置いてあったモリス関係の資料もアーツ・アンド・クラフツで有名な同じコッツウォルズにある、アウルペン・マナーの方へ移されてしまいました。モリスに関連するものは村のひっそりとしたたたずまいのほかは何もなく、アーリントン・ロウの流れるように連なったコテッジにも、織人たちが住まなくなってから久しいのですが、モリスの言葉とともに「うつくしい村」はいつまでもうつくしいままでいてほしいものです。

6　ドーチェスター

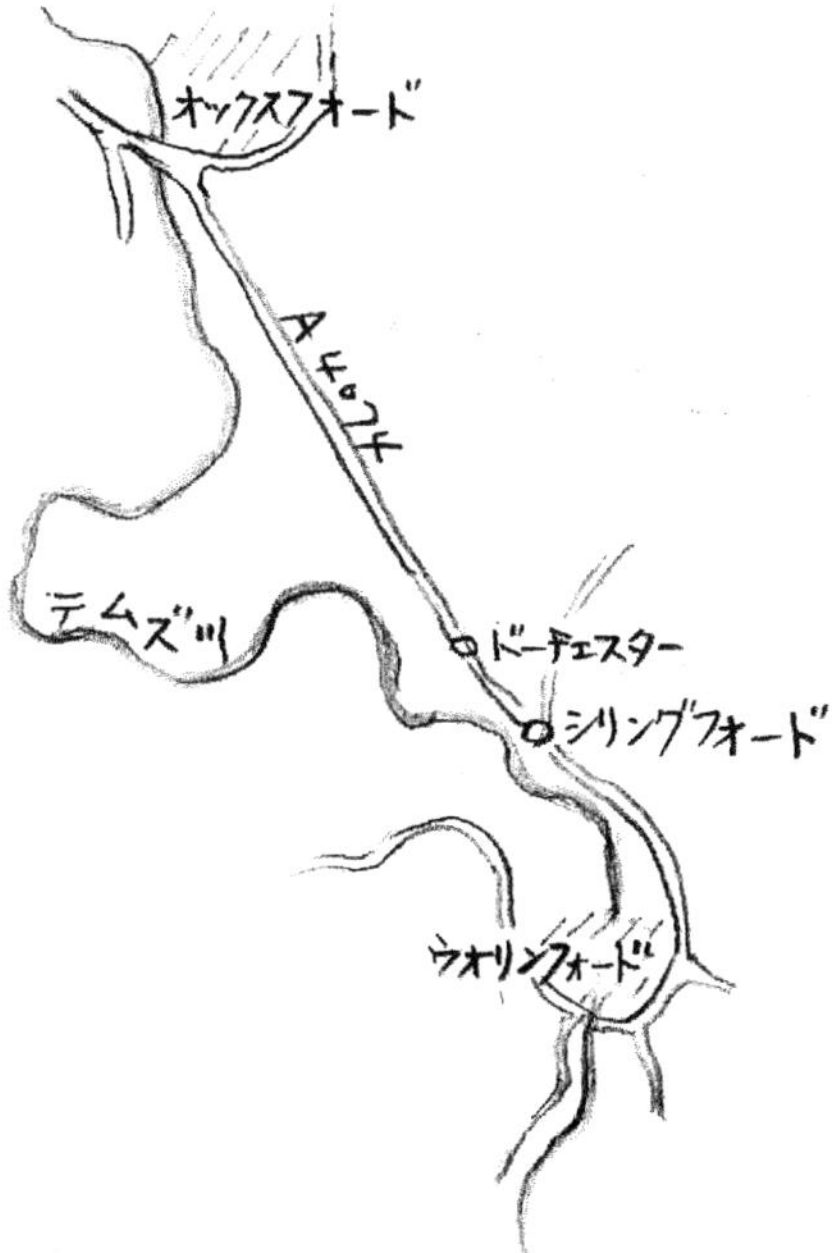

バスが村に入ると藁葺き屋根の家がいくつも目に飛び込んできました。どっしりとした木枠の古い家がレンガの家に混じり、うねった通りに並んでいます。そのはずれに大きな木のくぐり戸のような門のある教会が見えました。キリストの家系を示す「エッサイの窓」と呼ばれるステンドグラスで有名なドーチェスター教会です。正面から入らずに裏木戸を押してなかに入ると葉を落としたバラの木が細い通路の両側に整然と並んで花の盛りを待っていました。

教会内部は残念ながら修復中で工事用の機材やらその関係者で雑然としていましたが、中世そのままの騎士の装束に身を包んで合掌し、臥している石像を上部に彫刻した石棺がいくつも置かれているのが見えます。胸を覆っている鎖帷子《くさりかたびら》をはじめ、像は精巧な彫りで、大理石がところどころ磨り減ったり崩れ落ちたりしていて、長い時がたっていることを示しています。モリスがこの地を訪れ、その教会を大変興味深いと言っているのは、珍しい「エッサイの窓」だけではなく横臥する騎士の石棺の多さでもあったかとうなづけました。

イエスの家系図を描いた窓をじっと眺めていると、外の柳の枝葉が風にゆらゆらと窓一面に影絵となって写り、ときどき金色の光が黒くゆれる枝葉のあいだを縫って射し込んでくるのでした。こんな風にモリスもこの窓の前に額《ぬか》ずくようにして色鮮やかに描かれたキリストの家系図と、その上で揺れる光と影を愉しんだだろうか、という想いが脳裏をよぎりました。モリスの描いたくっきりと力づよく流れる枝の線と、ところどころ濃淡の光が混じったしなやかな柳の模様が思い出されました。イートン・ヘイスティングス村の柳がたいそううつくしいと語っているモリスの手紙も蘇ってきました。

英国の柳には天に向かって伸びているものと、日本の柳のようにしなだれているものがありますが、数からゆくと大木となって水面や地面におおいかぶさるように垂れているものが多いようです。しかし地域によっては天に向かって伸びる、いわゆる川柳と呼ばれる種類の方が圧倒的に多い場所もあります。ジェインがモデルとなって、柳の枝を手にもっているロセッティの「川柳」という絵もあります。現在ケルムスコット・マナーのジェインの寝室にかけられていますが、オックスフォードシャーはテムズ川沿いに川柳が大変多いところです。モリスの柳のデザインも川柳です。

モリスは木々が自然のままに伸びるにまかせているのが好きでした。庭づくりについては外国種が入るのも好みませんでした。モリスの影響は二十世紀最高の庭園といわれるオックスフォードシャーのヒドゥコット・マナー・ガーデンから、更にケントのシッシングハースト・カースル・ガーデンの、コテッジ・ガーデンにみられる作庭術にまでわたっているといわれています。

いまでは日本でも大変もてはやされているコテッジ・ガーデンという庭づくりの方法ですが、もともとは田舎の農家の庭をさす言葉でした。辺りの野原から野草を摘んできて、自分の庭に植えたのがはじまりです。モリスはその土地の草花が溢れている、そんな自然の庭がすきでしたから、刈込などせず、外来種も用いないというのが庭づくりの原則でした。モリスの庭づくりの方法はコテッジ・ガーデンとして、いたるところに大きな影響を与えたのです。

柳の枝が水面に垂れて、水面で流れとともに揺れている様はたいへん英国らしいうつくしさなのですが、モリスはケルムスコット近辺のイートン・ヘイスティングス村の柳をとりわけ気に入っていました。しかし、ケルムスコットの章でも書きましたように、ある日その柳が切り株だけになってしまったのを知ると、ひどく立腹すると同時に、大変悲しみました。罵詈雑言を連ねて怒る、という大変モリスらしいエピソードは柳の木が「ぶざまな形」になったことを「深い悲しみ」として捉えていることを示すものです。影絵のような柳の葉を見ているとそんな手紙の文面がはっきりと蘇ってくるのでした。

影絵ではなしに実際に柳を見ようと裏手に廻ってみて驚きました。すぐ脇を川が流れている庭はかつては僧院の中庭で、その奥の隅には大きな木の十字架が立っています。こんなに大きな木の十字架が庭の片隅に立っている教会を、プロテスタントの国ブリテン島で見たのは初めてでした。というのもヘンリー八世（位一五〇九―四七）の時代に、財産没収

を目的として多くの修道院が破壊されましたので、こういった風景を目にするのはめずらしいのです。木の十字架いがいはなにもない庭、祈りのほかに何事もおこらなかった、としか思えないような、きらびやかなものはなにもない庭です。モリスが言う「変わっているがとてもうつくしい教会」とはこの空間をも含めて、であったのでしょうか。そこには簡素で気取りを知らない風が川から吹き抜けています。

目を川のほうに向けると、春の訪れをまだ完全には知らない、湿地の中を流れるテムズ川と、中州となっているあたりにどっしりと根をおろした幾本もの木々がみえています。川の流れの中に根元を隠して立つ木々の姿はひどく奇異な感じがしますが、川辺では牛がのんびりと草を食み、その牧草地と水との間には土が丸みを帯びた茶色の肌をみせて、流れとともに帯状に広がり、どこまでもやさしそうです。ここでも土と水と草はひとつに溶け合って、互いの境目を知らないようです。

八月

雄鹿があけた垣根の裂け目ごしに
ローマ人の手仕事のただなかに、
ごらん、遠くのながい屋根の教会を

羊飼いは群の囲りに編み垣を廻らし、
昔から川が育んできた小さな流れをくだると
長い時の推移のなかで君が目にしている
あの小さな青々とした川岸となったのだ。
ここで少し休もう　夕べはまだ遠いから
蜜蜂はいまも飛びかい、畝《うね》を刻んだ丘のうえの
麦刈り機や羊の鈴　そして休みなく入れ代わる
ダムの水の音が君の耳に聞こえてくるだろう
燃えるような八月の空の下で
小さな響きはみな愉しげに澄みわたり
輝かしい夏の想いがいまもいきいきとしている。

あゝ愛しい君よ、あの絵に描かれた人々を見て
恋する者たちが募《つの》る心で讃えあったように
こんな幸せな日々　いまあるこの日々を
よりよいものを求めて　僕たちはまた無駄にしなければならないのか。
この安らぎの日に僕たちは幸せだったのだろうか。

君の目は「えゝ」と言うが、その日が再び訪れるとするならば
おそらくその終わりも空しいものではないのかも知れない。

『地上楽園』の中の月々の物語の導入部として書かれた詩は、月が進むにつれてだんだんと暗くなるといわれています。妻ジェインとロセッティとの関係で苦しんでいた時期に書かれたからです。

ドーチェスターはローマ人によってつくられた町ですが、この「八月」の歌の中で謳われている「ながい屋根の教会」とはドーチェスター教会のことなので、もしモリスが自分の思い出を綴ったとするならば、ジェインを連れてある夏の日、この辺りにやってきたのかも知れません。

『地上楽園』執筆当時のどうにもやり場のない気持ちにほんのわずか希望を与えてこの歌を終えているのですが、確かに「うつくしさから生じる悲しみ」がこの地域にまといついていたのでしょう。感じやすくなっているこころに、うつくしさのせいで、悲しみが募ったのでしょう。しかし原因はどこにあれ、悲しみを与えたのも、傷ついた心を癒したのも同じうつくしい川の流れる田園の景色だったのですが。

7　ウォリンフォード

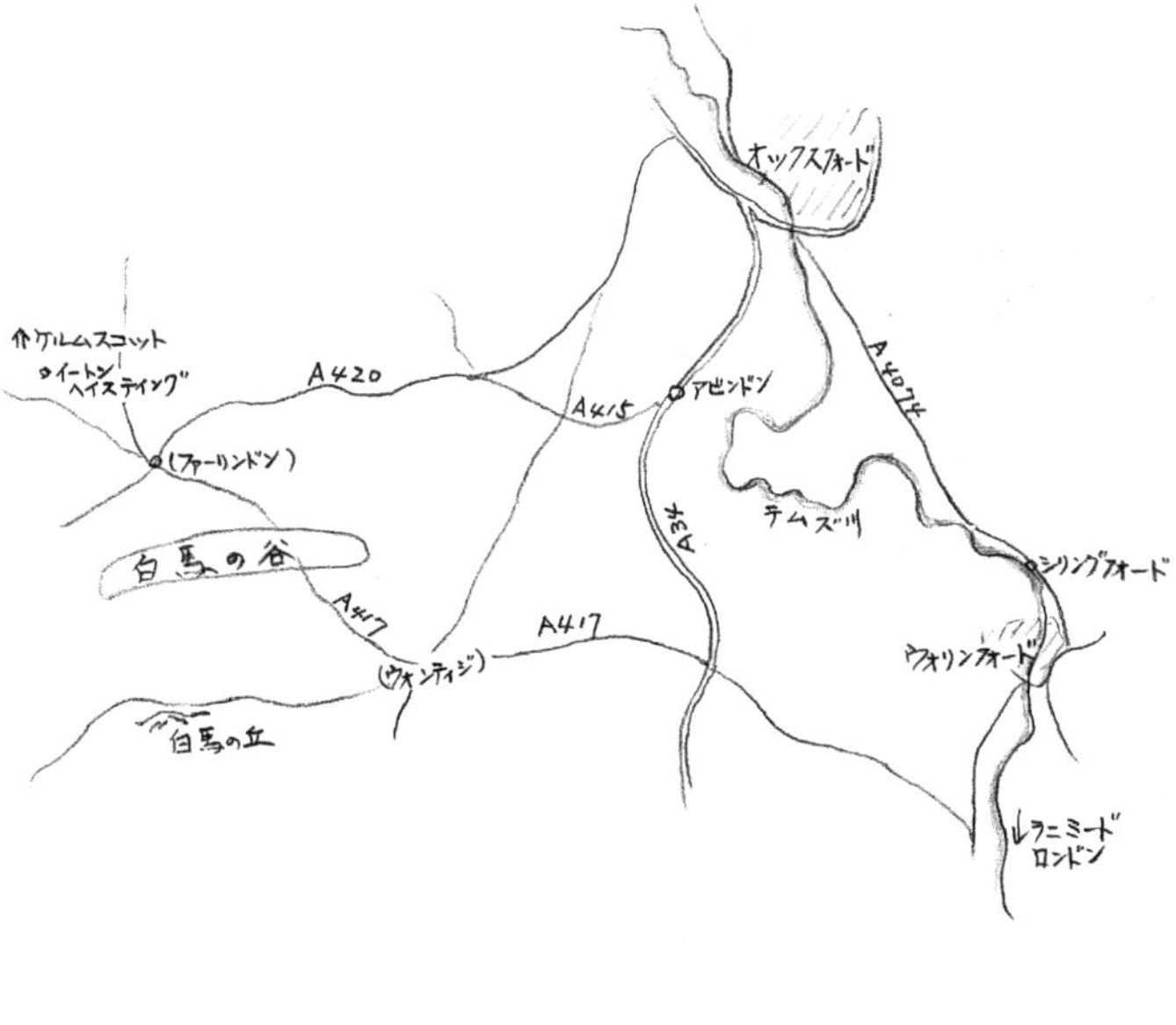

オックスフォード
ケルムスコット
イートン
ヘイスティング゛
A420
A415
アビンドン
(ファーリンドン)
白馬の谷
A417
A417
(ウォンティジ)
白馬の丘
A34
テムズ川
A4074
シリングフォード
ウォリンフォード
ラニミード
ロンドン

バスはうつくしい橋を渡りました。どこでしょう。橋の脇に洒落たレストランがあって川岸でビールのジョッキを手にした客が楽しそうに語り合っています。川面には色とりどりの舟がつながれ、橋は白く優美な流れるような橋でした。あたりの緑も川の流れも慎ましく、どこをとっても目に心地よい光景です。どこでしょう、また考えてみました。もう間もなく終点のウォリンフォードに着くはずです。時刻表を出してみました。バスの停車する地名と時刻が丁寧に書かれています。そうだシリングフォードです。そこの橋のうつくしさをモリスが語っていたことを思い出しました。心が残りました。いつか、また来たときに。

バスは心に残る風景とはまったく違った、ごみごみした町なかへと入っていきました。突き当たりにマーケット・プレイスが見えています。かつてはここも典型的な中世の市の立つ町であったのでしょうが、同じオックスフォードシャーとはいえ、モリスの「灰色の村への入り口」、ポート・メドーからはだいぶ離れた下流の町です。モリスの時代にはこの町は川を挟んでバークシャーとオックスフォードシャーに分かれていたのですが、いまはすべてオックスフォードシャーとなっています。

7　ウォリンフォード

この町もノルマン人の王ウィリアムと密接に関連していて、城が建てられ、その後に続く有名な王たちの名前が町の歴史にはずらりと並んでいます。やがて一六四六年の清教徒（ピューリタン）革命の折に王党派の拠点となった後、議会軍に破れ、城は、共和制へと英国を一時向かわせることとなるクロムウェル（一五九九—一六五八）によって破壊されました。城跡は残ってはいるものの、ウォリンフォードが当時それ程重要な政治上の役割を果たしていた、と思えるようなものは表立ってなにもないというのが現状でしょう。しかし古いという点では格別で、ノルマンディー人の征服王ウィリアム以前に、アングロ＝サクソンの王アルフレッドか、その息子エドワードによってつくられた、要塞都市としてはもっとも整然とした都市の見本だということです。

ともかくそんなようすはどこにも見えず、あまりうつくしいとはいえない町です。物語『ユートピアだより』の中でもパン屋の職人がパンを焼く技術さえ失ってしまい、パンは毎朝、新聞といっしょに列車で運ばれてくる、半ば都会化された文化を失ったところ、として描かれています。しかし議会戦争時代に多くの事件が起きたところ、とも説明されていて、歴史上重要な場所であったことが物語のなかでも暗示されています。

さらに川岸は主人公ゲスト氏とラニミードで出会ったうつくしい乙女エレンとの再会の地として重要な意味を持たされているのです。なぜこの川岸が選ばれているのか考える必要がありそうです。まず思い当たるのはモリスの田舎の家、ケルムスコット・マナーが最北端に位置するといっても、同じオックスフォードシャーです。ロンドンから舟でやって来ると、オックスフォードシャーの最初の大きな町がウォリンフォードです。この物語では語り手ゲスト氏が作者モリス自身の分身であり、ヒロインのエレンは、最終的には妻ジェインと重ね合わされていて、ケルムスコット・マナーにかつて住んだことがあるという設定になっています。ですからその家の記憶を持っている女性として描かれているのです。そこでそのふたりの再会の場所は当然オックスフォードシャーのなかでないとおかしいでしょう。

『ユートピアだより』のおおまかな筋は、ロンドンに住むモリスの分身ゲスト氏が、夢の中でディックという青年とロンドンの川岸で会います。ついで、ディックの友人の住む、オックスフォードの上流の地でおこなわれる筈の麦刈りを手伝いに行く、ということで話がまとまります。そこで一行は川舟で上流めざして出発します。年は二十一世紀のある年に設定されていますが、主人公ゲスト氏はモリスの時代、十九世紀のロンドンをよく覚えているのです。旅の途中、二十一世紀となって、すっかりうつくしくなったテムズ川沿いの町や村のようすを、十九世紀当時と比較し、昔を批判するという、社会主義的理想郷から見たユートピア物語です。

語り手であり主人公でもあるゲスト氏はモリスの分身ですから、出発の時点ではかなり歳のいった男性という設定です。『ユートピアだより』は一八九〇年に発表された作品ですから、作品発表当時モリスは五十六歳でした。しかし、旅の途中でうつくしい乙女エレンに出会ったり、昔からよく知っていた懐かしい地域がすっかりうつくしくなったりしているのを見て、若返ったように感じるのです。その夢物語の最後に、夢から醒めてみると、語り手は以前よりもずっと歳をとった老人である自分に気づきます。ケルトの昔話、「常若物語」の筋をベースにした物語で、日本の浦島太郎の噺とそっくりなファンタジー構成になっています。

エレンはテムズ川を遡るゲスト氏やディックの一行が、宿泊するために立ち寄ったラニミードで出会った妖精のような乙女です。一行はエレンとその祖父の家に一泊しますが、翌日彼らが旅立ってしまうと、エレンはその後を追い、ひとりで舟を漕いで一行に追い着きます。その再会の地がこのウォリンフォードの橋の下なのです。エレンは緑色の鮮やかな装飾を施した舟を漕いで一行の前に現れるのですが、その描写はラファエル前派の画家、ジョン・W・ウォーターハウスの「シャーロットの婦人」を彷彿とさせるような、とても装飾的なうつくしさです。

ディックとゲスト氏が一泊したエレンの住むラニミードは、一二一五年に王権に対抗する領主たちが権利を勝ち取った、英国史のなかでは重要な、権利の大章典、マグナカルタ調印の地として有名な所です。その権利を巡る争いは特権階級と王とのあいだの争いですから、民衆の自由や博愛の精神を基盤としたフランス革命の精神などとはほど遠いものです。それでも、王に対抗する勢力が権利を獲得したということは、英国が大陸とは異なって、立憲的な方向へと向ったことになります。マグナカルタはその重要な最初の一歩です。そこで、その調印が行なわれたラニミードは後の議会制を準備した地として、民主主義的な体制の発祥の地といいえます。そのラニミード出身のエレンが社会主義者モリスの分身、ゲスト氏と十七世紀の戦いの地、クロムウェルの議会派と王党派とが争った地、ウォリンフォードで再会するのですから、なんらかの政治思想的な意味が付与されていると考えるのは自然です。少なくともこれらふたつの地名が重なることにモリスがなにひとつ意味を持たせなかった、などとは考えられません。しかもこの物語『ユートピアだより』は一八九〇年に社会主義同盟の機関紙『コモンウィール』に発表するプロパガンダ小説として書かれたのですからなおさらのことでです。しかしそのような政治的な意味と同時に、都会と田舎の対立という図式も強いのかも知れません。

川岸をのぞいてはウォリンフォードは現在も、またモリスの時代も町なかはうつくしいとはいえない所なのですが、川だけに視点を移せば、ここから都会的なものが終わって、うつくしい上流の地へと入る、田舎、或いは田園への入り口として重要な意味をもっていきます。テムズ川の川幅もまだ広く、エレンが迷わずにラニミードから追いかけていくことも出来る距離内でもあるのでしょう。

モリスにとってうつくしいものはすべて緑滴る自然のなかで、しかも長い歴史も備わったところです。モリスだけに限りませんが、大方の英国人にとって都会は醜く憐れむべきところでありますから、なにが醜いかが分らなければ逆になにがうつくしいのかも見えてはきません。そういった意味でエレンとの再会は都会的なものの終点で、同時に田舎のはじまりとしての地、ウォリンフォードが確かにうってつけです。むさくるしい都会的なものを一切排除した乙女がエレンなのですから。そんな都会的なものを後にしてふたりはうつくしい灰色の村に建つ、長い歴史をもつ堅固な石の館へと向かうのです。それはふたりの記憶に残る、田舎のうつくしさの象徴のような石の家です。

うつくしく日に焼けた快活な乙女エレンは大地といのちを限りなく愛する女性として描かれています。むしろ大地の化身といっても良く、自然の情感に溢れたエレンは客のまえでごく自然に歌ったり踊ったりできる人でもあり、およそヴィクトリア朝の社会概念からはほど遠い女性です。未来小説として二十一世紀に物語が設定されているのも、窮屈なコルセットから開放されて、男の飾りものではない自由な存在としてモリスが作りだした女性の原型であるのは確かです。若くうつくしく日焼けした肌をもつ、情感豊かで、より自然に密着した乙女としてのエレン像は、ユートピアという希望にみちた夢の世界のなかでモリスの理想の女性として生まれ変わった、妻ジェインであるのも確かです。

舟旅の途上、ディックとゲスト氏の一行はウォリンフォードのすこし手前の下流の地、ストリートトリーのバークシャー側に一行のうちのひとり、ウォルターを降ろします。そこは白馬の谷の地域への入り口です。ゲスト氏のこころは再びその丘陵地帯を目にすることが出来て、喜びに溢れます。妻ジェインの再来としての、いのちに溢れた大地の化身エレンとの再会の地は、そういった意味でも懐かしい思い出に満ち溢れた白馬の谷を背景にしなければならなかったのでしょう。アッフィントンの白馬の谷はモリス家にとって毎年訪れた家族みんなの思い出の地でもあり、また馬はモリスがもっとも好んだ動物で、死に勝利する生の象徴としての動物でもあるからです。

ウォリンフォードの橋の周辺の流れはまだ川幅が広くゆったりとしたテムズの流れです。すこし上流のアビンドンを過ぎる辺りから川幅は狭まってきます。しかし本当に小さな流れとなるのは「さあ、僕たちは灰色の村の入り口にやって来たのだ」と作者モリスが語っているように、ゴッドストウの水門辺りからでしょう。

テムズ川には水門が四十箇所以上あるといいます。丘陵地帯を流れる川の水流をコントロールしながら、川遊びをこれほど生き生きと楽しんでいる国民が他にあるでしょうか。しかも昔ながらの溜池式水門で、時代はどんどんとハイテクになってゆくのに、現在も技術的にはなにひとつ変わっていません。「昔ながらのもっとも単純で、もっとも田舎式の水門がこんな所に残っているのが不思議でならない」と著者モリスは分身ゲスト氏にそう語らせています。

『ユートピアだより』が『コモンウィール』紙に発表されたのは一八九〇年ですから、その時からさらに百十年以上の時が経っています。しかしモリスが書いているように、溜池式水門というのは上流と下流の二箇所を仕切って、文字通り水を溜める水槽のようなものです。その中に川舟が入ると、上流側の水門を少しずつ開いて、水を徐々に入れます。すると舟がふわりと浮いてきて、川と水門の中の水の高さが同レベルになります。そこで舟を固定していた綱をはずし、水門を完全に開いて、舟を流れの外に出すのです。そんな風に流れを「一段一段のぼって行く」のであって、この方法は、「水が上から下に流れる限り」お粗末な方法ではない、とディックは物語のなかで語ります。なにごとものんびりと構えている英国人にとって、水門でゆっくりと水があがり、舟がふわっと浮く瞬間を待つのは逆に大変な楽しみなのではないかと思えます。

テムズ川の川岸の豊かさにいつ英国をおとずれても驚かされます。ロンドンの中心からすこし上流の、リッチモンド区にあるハンプトン・コート宮殿の辺りに建つ家々と、その下の川につながれた色とりどりの舟。ウィンザー城の辺りの広い庭をもつ家々の川辺と舟。ロイヤル・レガッタの名称で、華やかなボート・レースが毎年六月に開かれることで有名なヘンリー・オン・テムズの辺り。テムズ川上でももっとも優雅なこの辺りの家々はまた格別です。庭から川に降りて、川舟をつないでいる綱をはずし、川に出てのんびりと休日を過ごすのが裕福な人々の暮らし方でもあるらしいのです。

子供が大きくなれば夫婦ふたりだけで退職後の暮らしを川の上で楽しんでいる姿は珍し

いものではありません。

ケルムスコットの隣村、イートン・ヘイスティングスのボート・クラブで出会った夫妻はテムズ川の源流の小さな泉と、「テムズの父」の銅像の話をとても楽しそうにしてくれました。オックスフォード駅の近くの、オズニーの水門の近くで出会った老夫妻は運河から川、川から海辺、そしてまた川へと、水の上の生活の楽しさを語ってくれたのでした。春風が吹いて風に花のかおりが漂いはじめると舟に乗るといいます。北風が川の水面に皺をいっぱい寄せはじめたら、家にもどって暖炉の脇で読書を楽しむのです、とも語ってくれました。そんな生活の仕方もあるなんて。日に焼けた健康そうな老夫妻たちの満面の笑顔は生きることの楽しさを語りきって、なお余りあるものでした。

テムズ川の川岸は実に管理が行き届いています。川に沿ってどこまでも歩けるように小道が整備されているのです。舟を持てなくても、ピクニック、散歩、魚釣りなど、誰しもが川を楽しめるようにと市町村レベルで管理を怠ることがありません。テムズ川沿いの小道は国民の遊歩道として維持されているのです。護岸工事も最小限に抑えられ、川辺はどこも自然そのもので、土手は芝におおわれ、どこもまるく、土がやさしい表情で水と触れあっています。そういった意味では英国は限りなく豊かな国です。

古建築物保護協会を設立したり、ナショナル・トラストのさきがけ的活動をしたのもモリスでしたが、共有地を開放し、テムズ川の川岸を整備して国民が楽しめるように、市町村に働きかけたのもモリスだったということが自然な川辺をみながら静かに思い出されました。

8　ブロードウェイ

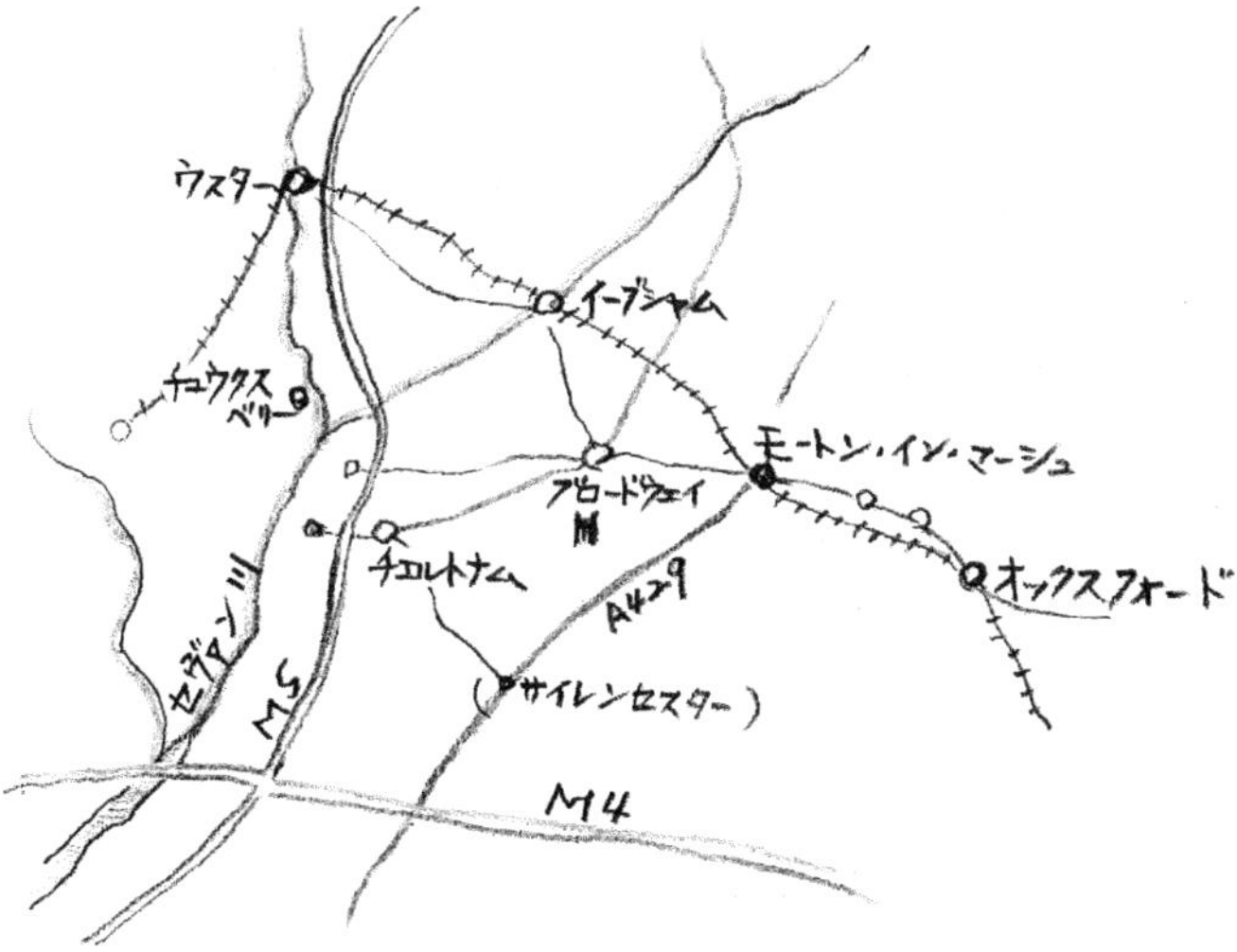
ウスター
イーブシャム
チュウクスベリー
モートン・イン・マーシュ
ブロードウェイ
チェルトナム
オックスフォード
A429
（サイレンセスター）
セヴァン川
M5
M4

鉄道でイーブシャムまで行き、バスでブロードウェイの村に入りました。コッツウォルズの北の端で、オックスフォード市を中心に考えると、バーフォードがコッツウォルズへの西の入り口ならば、ブロードウェイは北西の入り口といわれる小さな村なのですが、バーフォードと並んでいまでは洒落たブティックなどが多くある瀟洒《しょうしゃ》な村です。

メイン・ストリートの両脇にはどっしりとした建物が並び、コッツウォルズの村にふさわしく建物はみなこの地方の石で建てられています。しかし蜜色の濃い石で、モリスの好きな灰色の村という表現からは少し異なるのです。同じコッツウォルズの石とはいえ、この村に入って行くとそこは黄金郷とでも呼びたいような蜜色に輝いている、きらびやかな村です。年月が経てば蜜色が灰色に変わるはずなのですが、変色しないように絶えず手入れしているのか、それとも同じコッツウォルズといっても、なんらかの関係であまり変色しないということなのか定かではありません。

ブリテン島の土の色は地方によって、びっくりするくらい異なっています。ドーバー海峡からケント一帯、さらにワイト島に見られるような石灰岩の真っ白な地層は良く知られていますが、コーンウォール地方へ行ったとき海岸線を走る列車の中から見える断崖は真っ赤だったのに驚いた記憶があります。

車でグロスタシャーを経てウェールズ方面へ向かったとき、石の建物が段々と赤みを帯びてくるのに気付きました。その後、ウェールズには家を真っ赤に塗る習慣があったことを知りました。ケルトの名残で、魔よけだそうです。コーンウォールにもそんな習慣があり、あの断崖は赤く塗られていたのかも知れない、などと後に思ったりしましたが、そうは見えなかったように覚えています。

しかしケント方面だけではなく、白亜の地層の地域は他にもあります。モリスの好きなバークシャーの白馬の谷も石灰岩だからこそ、草を削って真っ白な白馬を地上絵として出現させることが出来るのです。しかしここ、ウスターシャーのブロードウェイはおなじコッツウォルズのなかでも蜜色なのですから、石の色ひとつ取り上げても英国は実に多様なことが分ります。

コッツウォルズ最北端の村ブロードウェイは石の色だけではなく、漠としてですが、なにか他のコッツウォルズの村々とは異なるものがあります。なんでしょう。言葉ではありません。でもやはり人から感じるなにかなのです。その違いは北の、スコットランドとの国境地帯や湖水地方で感じたなにかに似ています。福音書で有名な聖なる島、リンデスファーンに行くためにベリック-オン-トゥイードに滞在したことがあります。国境のノーサンバーランド州です。

そこでもなにかが違うと感じました。漠然とですが、その違いは同じく人から受ける印象の違いでした。国境ということもあり、人種が違うのではと思い、ある晩ホテルのバーで聞いてみました。スコットランドに隣接するノーサンバーランドの人口構成はイングランドとスコットランドが半々くらいかな、という答えが返ってきたのです。フットボールの試合を見に行ったらすぐ分るよ、という分りやすい返事に納得もしました。湖水地方でも事情は全くおなじだと、同じく地元の人から聞いたことがあります。

ブロードウェイはウェールズに近いといえば近いのですが、隣接しているわけではありません。しかし昔からウスター経由でウェールズからオックスフォード、さらにロンドンへと至る道があり、ブロードウェイは宿場町として栄えてきた村だといいます。当然ウェールズ人が多く働いているのでしょう。尋ねてみるとやはりそのとおりでした。当たり前といえば当たり前なのですが、漠とした謎はようやく解けました。

村の中央を広い通りが縫っていて、ウェールズ方面からやって来ると道がこの辺りで急に広くなるので、ブロードウェイと名づけられたらしいのです。コッツウォルズの村は次々と大型観光バスの進入を拒否するようになってきましたので、観光客がバスで訪れることが難しくなっています。そんな状況の中で、このブロードウェイは名前のとおり道幅の広さからでしょう、バスの駐車が許可されていて、団体の日本人観光客も多い場所です。

このブロードウェイはブロードウェイ・タワーという名の、ビーコン・ヒルの上にぽつんと塔がひとつだけあることでも有名です。別名「気狂い」タワーとして知られているものですが、本来建物の一部としての塔が本体を持たずに独立して、それのみで存在しているという、とても珍しいものです。

十八世紀末に、六代目のコヴェントリー伯爵がここから十九キロメートル離れた地に住んでいたのですが、七十八歳の時この塔を建てたといいます。伯爵というよりも、その妻、伯爵夫人が、ウスター近郊の邸宅「クロム・コート」からここが見えるかどうか狼煙《のろし》をあげてみて、火が見えたので、夫を説得して建てたというほうがどうやら本当のようです。自分の領地を見るため、というのですが、そうなるとまた、夫人ではなく伯爵その人が建てた、と話が戻ります。

それにしても、なぜ塔だけを建てたのかは定かではありません。恐らく十八世紀に流行した風景式庭園の作庭術の根底に流れる思想のひとつ、「廃墟」につながる「狂気」を生み出そうとして建てたのではないか、というのが一番強力な推測であるようです。ともかくもゴシック式の狂気のような塔が出来上がったのでした。この丘はコッツウォルズで二番目に高い丘で、ビーコン・ヒルといわれ、狼煙をあげて合図を送る丘として使われてきました。よく晴れた日にはここからイングランドの十二の州とセヴァン川の谷あい、さらに遠くウェールズの山々までも見えるといいます。セヴァン川はウェールズ中部に発し、イングランド中西部を流れ、ブリストル海峡に注ぐ川です。

オックスフォードの学生時代からモリスの親しい友人で、数学の教師であったコーメル・プライスがこの塔を借りて一時期住んでいた関係上、モリスやバーン＝ジョウンズ、及びその家族たちが何回か遊びに来て、この塔に宿泊しています。彼らにとってこの塔は、プライスの愛称、「クロムの塔」として大変親しまれていました。

一八七六年にモリスは次のように書いています。「風や雲に囲まれて、今日クロム・プライスの塔に来ています。ネッドや子供たちも一緒で、みなとてもはしゃいでいます」。ネッドとはバーン＝ジョウンズの愛称です。メイもこのように書きました。「しゃがみ込んでいるような小塔の付いた建物で、幾つもの州の素晴らしい眺めが楽しめます」。メイにとってこの地は、過ぎ去った昔に想いを馳せる父の姿が思い出される懐かしい場所であります。こんな情感にみちた文が残されています。

けわしい丘の麓に銀色がかった灰色の村があり、そのかなたは青い土地でした。何マイルも続く遠くの景色。父がこの丘から見える四つの戦いについて語ってくれたことを思い出します。イーブシャム、ウスター、チュウクスベリー、そしてエッジィヒル。その話が想像力を掻きたてたと見えて、父は昔を振り返っているようでした。父の目は静かに伸び広がっている土地を眺め回し、その戦乱の過去の光景を思い描いているようでありました。

モリスが語った戦いは、順番に、議会派であるシモン・ド・モンフォールと王との一二六五年の戦い、チャールス二世とクロムウェルとの一六五一年の戦い、ヨーク家とランカスター家の王権をめぐる戦いで、バラ戦争と呼ばれる一四七一年の戦い、そしてチャールス一世と議会派の間で起きた一六四二年の戦いです。先のふたつはどちらもウスタシャー、ついで、グロスタシャーとウォリックシャーが戦いの舞台でした。

父のそばに佇んで、心からの愛情と尊敬の念につつまれて父の話を聴き、遠く過ぎ去った思いに浸っている父の心のなかを、メイはそっと覗き込んでいるようです。この文章を書いているときのメイのこころは、父との取り返すことのできない、貴重な懐かしい時間への想いでいっぱいであったことでしょう。子供たちにとってもこの塔は限りなく楽しいものであったようです。メイの思い出はこんなふうにつづきます。

ひどく不便ではあっても、わたしたちのような素朴を良しとする人間たちにとっては、いままで経験したなかでもっとも楽しい場所でした。わたしたちにはどんなことでも気もちよくできてしまうのですから。塔そのものはたしかに馬鹿げています。お風呂は風が石鹸の泡を吹き飛ばさず、水がたっぷりある日に屋上で入らなければなりませんでした。それに水がどうやって上まで届けられたのか知りませんが、爽やかな香りのよい風が体の疲れを吹き飛ばし、なんと素晴らしかったことでしょう。

塔は階段を蔽っている円柱のような建物に支えられて、外からは菱形のように見える建物が中央に位置している形になっています。その中央部分の各階には暖炉のついた部屋があり、台所もあって生活も出来ます。現在ではモリスをはじめアーツ・アンド・クラフツの展示場となっているのですが、窓が六つあり、それぞれ異なる景色がその外に広がっています。塔のてっぺんからは十二の州が見えるということで、それぞれの窓からじっと外を眺めていましたら、『地上楽園』の冒頭の詩、「ことわり」の一節が思い出されました。

魔術師がクリスマスの頃　北国の王に
あんなにも珍しいものごとを見せてやったそうだ

ひとつの窓から春がみえ
ほかの窓から夏が萌え立つのがみえ
みっつめの窓からはたわわに実るぶどう棚
だがそのいっぽうであの物悲しい十二月のかぜが
聞こえはしないのだが　いつものように

笛の音のような響きをたてていた。

「夢をみるもの　時にかなって生まれた　からっぽの唄をうたう歌人」としての『地上楽園』の詩人は、春夏秋冬が同時にみえる四つの窓の発想をここから得たのではないかと思えるほど不思議な気持ちにさせられる窓でした。

もう遅い。モリスと娘たち、そして六つの窓の外の遠くの地域のことなどを不思議な気持ちで考えていましたら大分時間が過ぎ去ったようです。帰りのバスがなくなると思って急いで丘を降りました。羊や牛が他人の領地に侵入しないようにと設けられた踏み段のある木の柵をいくつも越えながら、ときにウサギやモグラの穴に落ちそうになりながら、転げるように丘を降って村に戻りました。

通りの下の方から眺めると、ゆったりとしたそのメイン・ストリートは静かにうねりながら向かいの高い丘の斜面をつたい、彼方へと途切れて見えなくなっています。濃い蜜色の建物も硬度をおとした光の中で落ち着いた佇まいを見せていました。

9　エイヴェリー

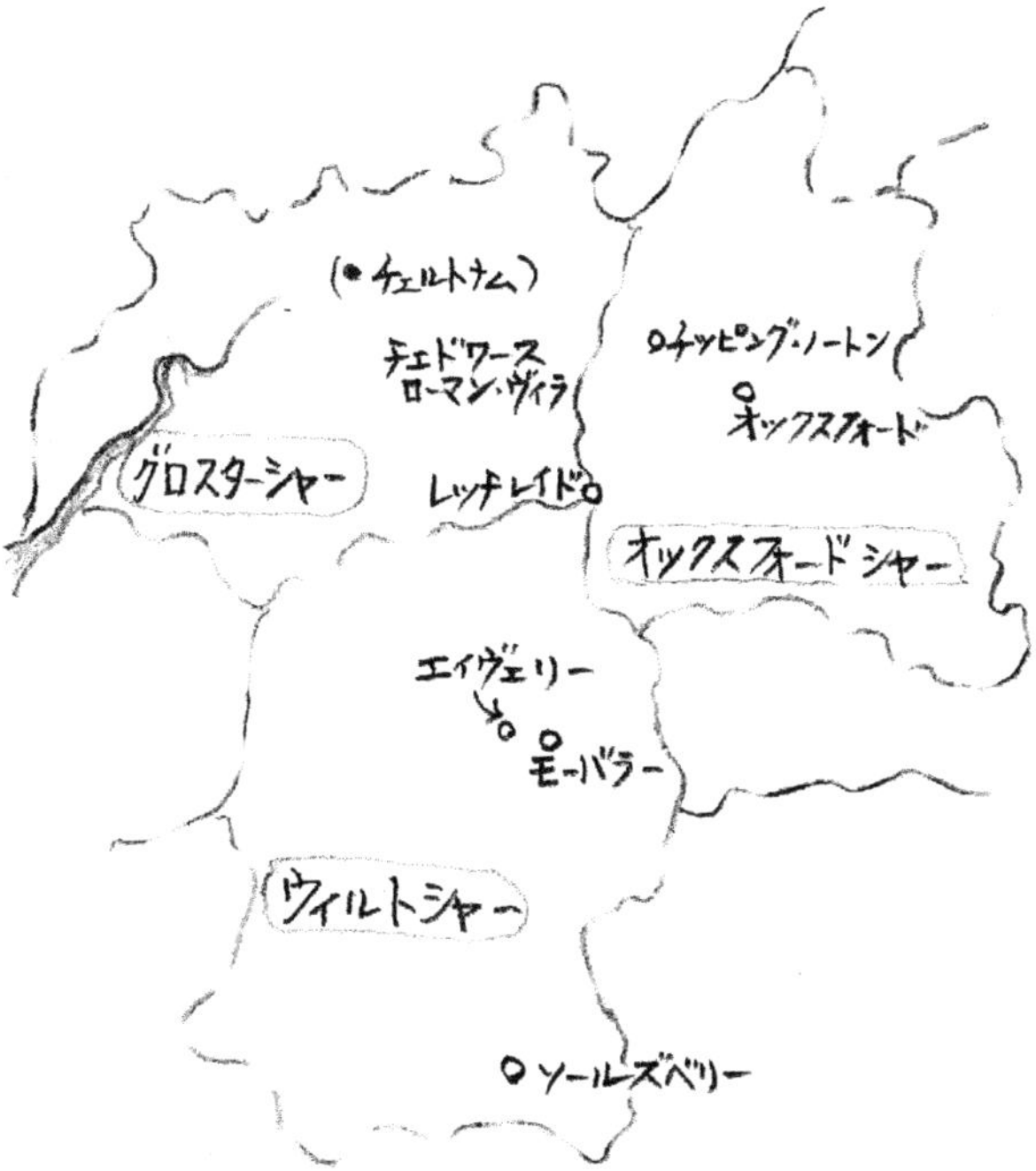

チェルトナム
チッピング・ノートン
チェドワース
ローマン・ヴィラ
オックスフォード
グロスターシャー
レッチレイド
オックスフォードシャー
エイヴェリー
モーバラー
ウィルトシャー
ソールズベリー

いまさら言うまでもないのですが、日本が木の文化ならばブリテン島はやはり石の文化です。かつては島全体が木におおわれて、森林文化の地であったのですが、同時に岩山も多く、数世紀にわたって、幾多の質のよい石を産出してきました。そのなかでもバース周辺も含めた、イングランドのコッツウォルズ・ストーンがもっともよく知られた石ですが、各地域ごとにそれぞれその地域特有の石があるようです。

スコットランドもウェールズもそういった意味ではイングランドと変わりがありません。スコットランドの石の家並みには、モリスの好む素朴な灰色の石の村とはまた多少とも趣の異なる、都会的な洗練されたうつくしさがあります。世界遺産に登録されている、エジンバラの建物や道路をうずめる石畳。さらにエジンバラ郊外のどこまでも連なる端正な石の民家など、スコットランドにはスコットランドの良さがあります。

列車が鉄橋をわたりエジンバラに入り、さらに海岸線を進むと、窓外の色合いがシルバー・グレイにかわって、レンガの赤は姿を消します。また内陸部を走ると、目の前の光景は山がちになり、ところどころ赤紫色のヒースにおおわれた丘の斜面が目立つようになります。また岩肌をさらけだした岩山の光景も目につくようになります。

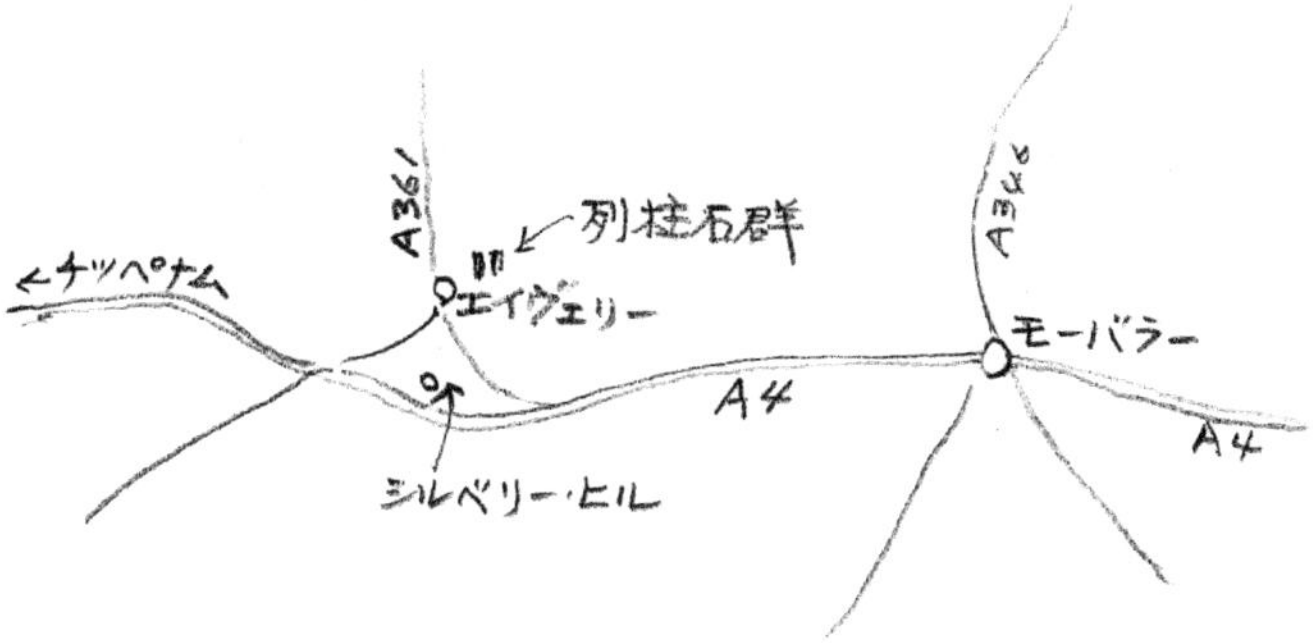
A361
列柱石群
←チッペナム
エイヴェリー
A346
モーバラー
A4
A4
シルベリー・ヒル

湖水地方もうつくしい色合いの石の建物でよく知られています。とくに、緑に赤や黄がすこし混じっているような色合いや、光沢のある黒にちかいような色が多いようです。そのせいか町はすこし暗い感じを拭えませんが、湖の辺《ほとり》に佇む町にはよく似合う色合いで、深い落ち着きのある情緒を感じさせます。

牧草地や畑もこの辺りまでくると様子がぐんと異なってくるのです。緑の野を仕切る垣根は縄を流したような黒い石造りで、コッツウォルズの民家の塀と同じく、薄く長方形に切った石をコンクリートを使わずに積み上げてゆくドライ・ストーン・ウォールという伝統的な造り方です。積み上げるとき、石の間に土を少し撒《ま》くと、石が固定されるようです。そういった石垣が広大な田野にうねうねと、一面に伸び広がっている光景がこのあたり特有の景色です。

こういった石の垣根はウェールズやスコットランドではよくみかけられるのですが、イングランドの他の地域では少ないようです。ウェールズやスコットランドでは石をふんだんに使えるほど人間の数が少ないか、石の量がそれだけ豊富なのでしょう。いまでも湖水地方ではダイナマイトを仕掛けて石を切り出していますから、この辺りにはまだ豊富な石があるようです。

そういった訳でブリテン島は実に石の文化です。イングランドのコーンウォール地方には竪穴式のような建物が無数にある、石の村があります、鉄器時代のケルト人の村ですが、村全体、なにもかも石で出来ています。チャイソウスター村が一番有名ですが、ほかにもコーンウォールのその辺りには似たような石の村が幾つもあります。

さらに人間が石に変えられた話は民話のふるさとコーンウォールやウェールズには数限りなくあります。真夜中に月明かりのなかで、ダンスをしていた娘たちが石に変えられたという伝説は、夜中まで遊びほうけることを戒めるために、キリスト教徒たちがつくりだした話でしょう。

これらの石はキリスト教の伝播以前から、その土地にありました。なんらかの異教の教義にもとづいてそこに並べられた石です。しかし、新たにやってきたキリスト教会は迷信として否定するのではなく、それらを利用して、自らの教えをひろめようとしたのでしょう。その結果、こんなに説教くさい伝説がつくりだされたというわけです。

また他の地域には戦場で兵士たちが突然石に変えられたという話も多くあります。コッツウォルズの村のひとつ、チッピング・ノートンの「百人の兵士の石」は、数えるたびに数が変わってしまい、数えられないといいます。

そんな不思議な石の中で一番有名なのは言うまでもなくソールズベリー平原に立つストーンヘンジでしょう。ケルトの祭司ドルイド僧たちが、いまでも六月の夏至の日には、その巨大な石のもとで真夏の祭りごとを行なう、ということですが、そんな関係でストーンヘンジは長い間ケルト人起源と思われていました。現在ではケルトよりずっと以前の、おそらく新石器時代の人間たちがつくったものであろうと言われています。しかし石がどこから運ばれて来たのかということを除いては、それがどういう目的で、またどんなふうにしてつくられたのか、などすべて推測の域を出ていません。

エイヴェリーは遺跡の規模においてはソールズベリーを凌ぐらしいのですが、ここも同じように、なぜこのような巨大な石が並べられているのかわからず、大まかな年代が推測されているに過ぎません。

ともかくモリスが幼い頃に感銘を受けたエイヴェリーを見に行く事にしました。対向車もまれな丘陵地帯を車は走り続け、不思議な人工の丘シルベリー・ヒルをとおり越し、ようやく辿り着いたところにはそれらしきものはなにも見えない、ただ一面の野っ原です。その日は暑い日で、アイスクリームを売る小さな車が一台、緑の中に彩りを添えています。その先に人影があり、「ザ・ナショナル・トラスト」のパンフレット等を並べた車が止まっているのがようやく分りました。入場料は要らないというので挨拶だけして木の柵のなかに入り、さらに細い道を進んで行くと、道が開けて右手に巨石が点在しているのが分ります。

世界遺産として保護されているソールズベリーのストーンヘンジは、巨大な二柱の石の上にさらに同じような石を平らにのせた構造になっていて、そういった石の組み合わせが幾つも集まって、まるい円を描いて並んでいる、という造形的なものです。ここはストー

T.S.

ン・サークルといっても、広大な平原に石が点在しているというだけのものにしか一見みえません。

チッピング・ノートンの石も確かにストーン・サークルの名にふさわしく、まるくこぢんまりと並んでいます。コーンウォールで見た、踊る娘たちの石もサークルになっていました。サークルの規模が小さいので、見た瞬間にサークルと分るのです。サークルの規模、つまり円周の小ささという意味においてはソールズベリーも同じで、円形に並んでいるということはすぐ分ります。

しかしここはようすが違います。ただぽつぽつと、独立した大小の石が間隔をあけて散らばっているようにしか見えず、広いなあというため息のでるような感慨しか与えないのです。そこで石から石へとその脇をとおり抜けて歩いてみました。大きな石はソールズベリーの石と同じくとてつもなく重量感があり、巨大です。

一八四九年四月、モールバラ校の生徒であった時にモリスはここに学校から連れてこられ、非常に興味をもちました。その時の印象を姉エマにこう書き送っています。


エイヴェリーという所を訪れました。そこにはドルイドのような円形列石とローマ時代の塹壕《ざんこう》があり、その両方が町を取り巻いています。石ははじめからそんな形だったそうです。円形の大きな列石がまずあって、つぎにすこし小さいのが内側にあり、真ん中に祭壇用の石があって、すごく沢山の石です。ほんとうに沢山の石が取り除かれてしまっているので、火曜日の朝には分らなかったのだけれども、こういうことが分ったのでもう一度行ってみようと思いました。そこで行ってみると、どんなふうに石が並べられたのかが分りました。僕がみた一番大きな石は高さ十六フィート、厚み十フィート、幅十二フィートで塹壕も含めて全部で約二分の一マイルです。

一マイルは一・六キロ、一フィートは三〇・五センチですから、いかに巨大なものかが分るでしょう。こんなふうに、モリスの鋭い歴史感覚が育まれたのはここを訪れたことがきっかけとなったと言われています。

この描写からするとソールズベリーのようにかなり厳密な、石の輪の中に、さらにもうひとつ輪を描いて石が並べられていたように聞こえます。しかし、「火曜日の朝には分らなかったのだけれども」、とあるように二重の円形列石群であるとはその場に立って見ただけでは分らないのです。入り口で買ったパンフレットを見ると四五〇〇年前の復元図が描かれていて、それには確かにそれぞれ独立したふたつの大きな円形の石の輪が見えます。そのひとつの中央には少年モリスが語っている祭壇用の石らしきものも見えます。また、もうひとつの輪のなかはさらに輪になっていて、確かに二重の円形列石群が見られます。

しかし少年モリスが言う「ドルイドのような」という表現はだれか説明者の言葉をその

まま使ったものではないかと思います。というのも十八世紀のはじめに考古学者、ウィリアム・スタックリーによってドルイドの聖所と宣伝されてからずっと、そのような見方が定着していたからです。

一八七九年にここを再訪したモリスは「なにひとつ本当のことは分っていない」と書いているのですが、本格的な考古学の調査が行なわれ、ケルトとは関係のない新石器時代の遺跡ということが分ったのは一九〇八年でした。さらに今のような形に復元されたのは一九三九年のことです。

ソールズベリーとは異なって大変面白い点は、少年モリスの手紙にもあるように遺跡全体が塹壕に囲まれていて、しかもその中心に町があるという点です。町にはアングロ＝サクソン時代に教会も建てられ、さらに中世、十二世紀にその教会はベネディクト派の立派な教会に建て替えられ、異教の地が完全にキリスト教化されたのです。その結果、石は悪魔と見なされ、地下に埋葬されたといいます。少年モリスが訪れた時はそのような状態が続いていた頃ですから、「本当にたくさんの石が取り除かれてしまっているので、火曜日の朝には分らなかった」、というのも事実であったと思います。また、地下に埋められただけではなく、石を掘り出して自分の家を建てるために持ち去った者も多かったようです。木の文化では考えられないことです。

ウェールズのティンターン・アビーを見に行ったとき、宿泊したB&Bの主人がこの家は崩されたアビーの石を持ってきて建てたのです、と話してくれましたが、文化の違いをつくづく考えさせられました。後世にいつまでも残る石の建造物は、設計の発想の原点からすでに異なっているようです。

そこでこのブリテン島では工場であっても有名なデザイナーによる、立派な建物を建てる傾向があります。そのよい例がテムズ川を挟んで、セント・ポール寺院の反対側に位置する、テイト・モダンとなった以前の火力発電所でしょう。かつてテイト・ギャラリーにあった二十世紀以降の作品が、このテイト・モダンに移されました。テイト・モダンはうつくしい建物ではないという人もいますが、近くから見ると、モリスが絶賛する、グレート・コックスウェルの穀物庫のような風通しの穴が帯状に小さく並び、大変繊細な建物です。

また住宅へと改装された、オックスフォードシャーのチッピング・ノートンにある建物もそうです。煙突が真ん中に聳える、みごとな建物ですが、かつては織物工場でした。それはすこし低くなった谷あいの野原の中にたった一軒、ドーム型の流れるような屋根の線を浮かび上がらせて、どっしりと建っています。

ブリテン島中いたる所に歴史が溢れているのですが、とりわけコッツウォルズ地方は歴史の宝庫です。ケルムスコットはオックスフォードシャーであり、五〇年代まで鉄道があったレッチレイドはグロスターシャー、さらにレッチレイド教会の裏手の橋を渡るとそこはもうウィルトシャーで、三つの州が密接している所ですから歴史も複雑に絡まっています。川舟による輸送に適したテムズ川を媒介として、人間も物資も烈しく行きかった結果、それだけ歴史も重層性を増したのです。太古の歴史を秘めるウィルトシャー。さらに、モリスが大きな興味を抱いたチェドワース・ローマン・ヴィラというローマ時代の遺跡がグロスターシャーにあり、歴史のフルコースがこの地域には備わっています。チェドワースも現在、ザ・ナショナル・トラストにより保護されていますが、モザイクの床、日本の築《つい》地《じ》に似た黒い瓦をのせた低い塀など、確かに大変面白いところです。

　モリスがストーンヘンジを訪れたのは一八七九年八月でしたが、ストーンヘンジを見たのはそれが初めてだといいます。その年、モリスはソールズベリーからモールバラ、さらにエイヴェリーへと廻りました。とくにストーンヘンジには感銘を受けたようです。「大地と空がひとつに合わさるほど雨が降り続いたが、なにひとつその広大な平原と不思議な遺物を損なうものはなかった」、と言います。

　人類の手による最古の、しかもとてつもなくエネルギーに満ちたソールズベリーやエイヴェリーの石の建造物、豊穣と死への勝利を描いた白馬の谷、祖国を守るため勇敢に戦ったアルフレッド大王と兵士たちのアッシュダウンなど、モリスが好きな深い歴史を秘めた広大な遺跡がこの辺りには密集して、しかも延々と続いているのでモリスは飽くことなくこの地を廻り歩きました。

帰り道モリスの母校モールバラ校に寄ってみました。立派な門構えの赤レンガの建物です。現在ではいかにも裕福そうですが、歴史を感じさせない建物です。この学校から得たものはなにもない、とモリスは言い切っているのですが、なるほど、そうかも知れません。ブルジョア教育などに信を置かずに、『ユートピアだより』にあるように「森の学校」のほうがモリスにはずっと好ましかったのは言うまでもありません。

もしモリスに堅固な大地への信頼がなかったならば、私生活においても仕事においても、ましてや社会活動においても、幾多の試練を乗り切ることはできなかった筈です。エレンもディックも『ユートピアだより』の登場人物たちは「大地にたいする熱烈な情熱」の持ち主です。「生活の喜び」と、「恋人が愛する女性の美しい肉体を愛するように、人が住む大地の表面、肌そのものを熱烈に愛する」ことの尊さを、「新しい時代の精神」として、モリスは提唱しています。

癒し主にして守り主なる大地

判然としない時に向かって
そんなにも速く時は移ろってゆく
さようなら　愛してはくれない私の愛しい人よ

さようなら　愛されたた愛《いとお》しい君よ。

なんだって　僕たちのこころは喜んではいないって
すべきことは何かないのか
怖れはみな消え去って
春が新しい花を咲かせはしなかったのか。

船の帆が僕たちの上で膨らんで
波打つ海が竜骨を押し上げている
僕たちを慈しんでくださる方が　癒しの賜《たま》ものをたずさえて
呼んでくださったのだから。

勝利した者には冠を
敗者には臥所《ふしど》を
消え去ってしまうことはない物語のなかで
栄光が輝きはじめている。

苦しみは終わり
喜びにふるえる手が剣《つるぎ》を握りしめるいま
繕《つくろ》い直された君のいのちに目をやって
ふさわしい報いを施したまえ。

感謝を捧げられなかった朝
昼に頂いても用いなかったもの
あざ笑われた夕べ時
拒まれた祈りの夜を思うのだ

それだけではなく　それより前のいのちを
君はなにも覚えてはいないのか
思い込みの地獄からうまれた恐怖が
どれだけ僕たちのいのちを揺るがしたと思うのか。

やがてこのあとにやって来るもの
君はどんなふうに生き　虚しい笑いや

つれない振るまいに
どうやって直面しようというのか。

恐怖のなかで君は願った
こころ安らかなときに君は悔やんだ
こころの炎を虚しく燃やしたことを
こころの網が縺《もつ》れていることを。

愛がおとずれてうるわしい挨拶をかわし
愛は去ったが　恥ずべきことはなにもなかった。
朝と夕べのうす暮れがひとつになるのを
夏の太陽は責めるだろうか。

なんだって　暗い夜の空しい風のように
愛が訪れても去っていったのは
君の愚さがはかり知れない収穫の
種を蒔《ま》いたからだというのか。

君は悲しみで愛を殺してしまったのか
君の涙は太陽を消し去ってしまったのか
そうだとしても　明日は
おおくのおこないがとられるだろう

君が船で渡ったこのうす暮れの海は
漠として　やがて真っ暗になったが
それは君がしくじって
君の物語が消えてしまったからなのか。

落ちつきたまえ　君のかつての苦しみは
慈しみにみちた大地から生まれ
君が残してゆく悲しい物語も
大地は忘れはしない。

さあ　安らかに　君が横たわって摑む

変わることのない喜びがあるのだから
こういったことが昔のことになるまで
大地は守ってくれるのだから。

君の魂といのちは消えてなくなり
君の名は夕べの風のように消えてしまう
だが大地は君が今日とる
おこないを慈しんでくれるだろう。

やがて君の喜びと悲しみのすべては
つい昨日までは耐えきれなかったものが
明日は軽いものとなって
無駄になることはない。

ほら　見てごらん　かなたで暁がまばたきをして
日の出がちかづいてきている
人は死すべきものなのかと

と問うことを忘れてしまう。

だから昼間の光と楽しい笑いのなかを
歩んでいった人たちのおこないをたたえよう
大地のうえに生きる者たちの物語が
終わりになることは決してないのだから。

この詩がいつ書かれたのかはっきり分かりませんが、一八九一年にケルムスコット・プレスから出版された『折ふしの歌』のなかに収められています。モリスはこの頃から病気がちになりました。詩集は十月の出版ですが、ケルムスコット・プレスが発足したのはその年の一月ですから、折りにふれ書きためていたものを整理してまとめたのではないかと思われます。健康面も多少考慮しての結果ではないでしょうか。モリス五十六歳です。経てきた苦しみ、そして悲しみや不安が消えてはいません。「君が船で渡ったこのうす暮れの海は」とありますから、アイスランドから戻った頃であったかもしれません。

一八七一年にロセッティと妻ジェインとの関係に苦しみ、モリスは逃げるようにしてロンドンを後にし、スコットランドから船に乗り込んでアイスランドに向かいました。そこで『アイスランドへの旅』（邦訳、晶文社）のはじめの部分はとても暗いのです。しかしアイスランドの荒々しい自然や、人々や家屋の素朴なうつくしさなどにモリスは少しずつ癒されていったのです。特にモリスの愛する、語り継がれる英雄物語、サガの数々を生み出した力強い地であります。「アイスランド的民主連合の核心であり中心」であるとモリスが呼ぶ立法の丘、スィングヴェルルのある地です。祖国から送られてきたワインに舌鼓を打ち、川で釣った魚を料理して、料理の才能があることを知って喜ぶモリスの様子が『アイスランドへの旅』のなかに活き活きと表わされています。

アイスランドは後にモリスが社会主義的な方向へと向かう大転換点となった地といえます。この詩がアイスランドと関係あるのかはっきり分らないとはいえ、悲しみを引きずりながら、それでも大地を信頼し、「明日」という「希望」がはっきりと見えている詩で、モリスをよく示すものでしょう。

10　白馬の谷

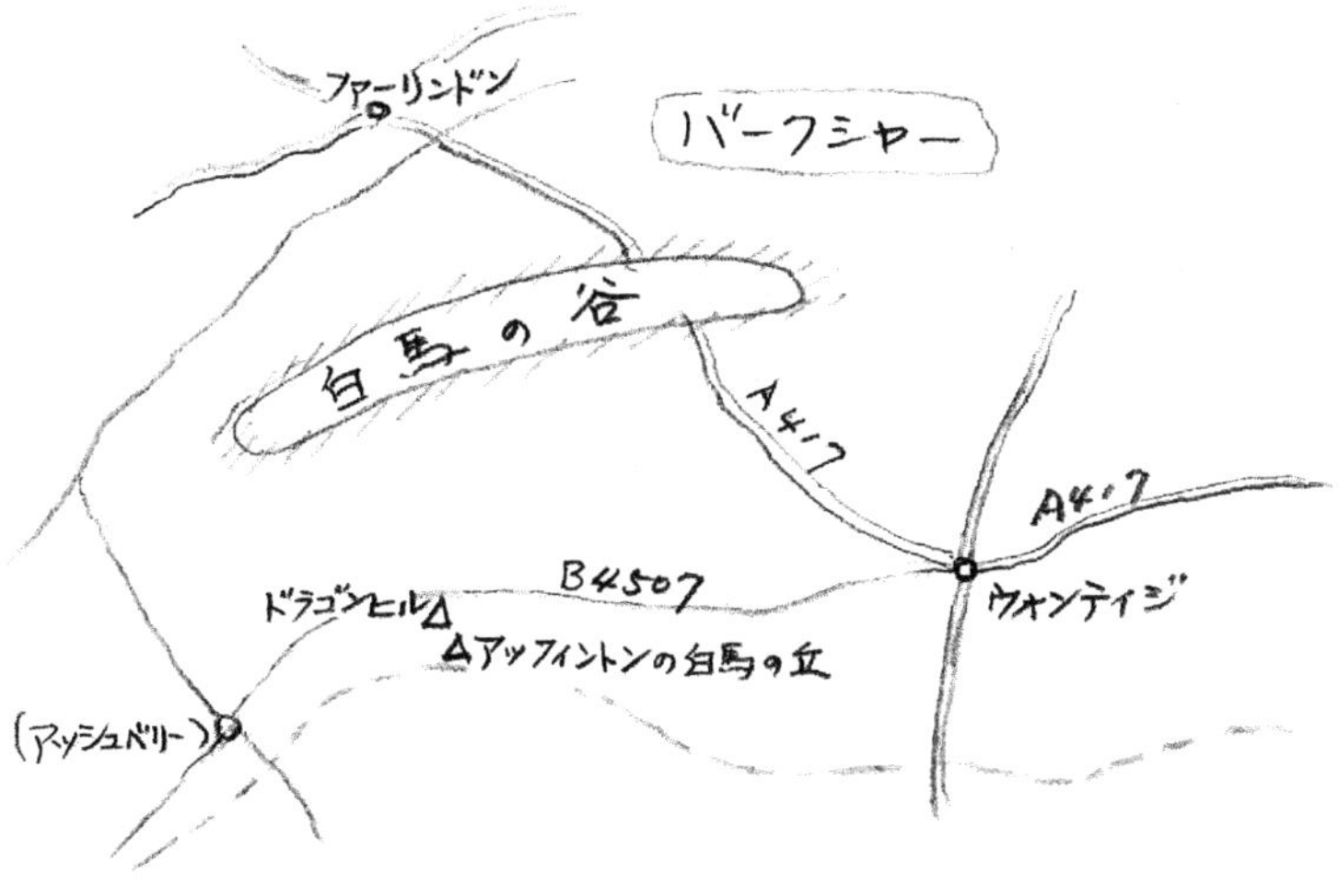
ファーリンドン
バークシャー
白馬の谷
A417
A417
B4507
ウォンテイジ
ドラゴンヒル
アッフィントンの白馬の丘
(アッシュベリー)

アングロ＝サクソンの王、アルフレッド大王の生誕の地ウォンテイジからB級道路4507をたどって起伏の激しい丘陵地帯を走って行くと、ようやく「白馬の谷」という標識のあるところに出ました。

そこを折れ、さらに丘を登ると左手の丘の中腹に刻まれた動物の姿があらわれました。アッフィントンの白馬です。丘の中腹の草を削り、石灰岩の白い地肌を馬の形に表わしたものだというのですが、線描画のようなパターン化されたしなやかなデザインは、馬というよりも猫のような趣があります。

長い間この馬は本来騎馬民族であったケルト人の馬信仰と結び付けられて、ケルト起源とされていたのですが、ストーンヘンジやエイヴェリーの列柱石群と同じくもっと古いようです。またなんのためにこのような地上絵が描かれたのかまだよくは分らないようですが、最近の研究ではこの白馬の起源は三千年も遡る青銅器時代のものだとほぼ推定出来たようです。しかしほんとうのところは分らないにせよ、死者の埋葬の地であったのは確かです。

白馬の下の流れるように滑り落ちている斜面の脇にイングランドの守護聖人、聖ジョー

10　白馬の谷

ジが竜を退治したという伝説のドラゴン・ヒルがあるところをみると、聖なる白馬が死者の埋葬された塚を見守っているという感慨を拭えません。第十二章のエディントン教会のところで詳しく書きますが、聖ジョージは信憑性に欠けるとして、聖者の列から降格した人物ですが、竜を退治するアングロ＝サクソンの英雄叙事詩の主人公ベオウルフを彷彿とさせるためか、英国では聖人として大変人気がありました。

さらに丘を登りつめると木の柵の前に出ました。その脇には「ザ・ナショナル・トラスト」のオークのマークの立て札が立っています。車を降り、先ほど見た白馬の方向へと向かいました。草いきれのするなかを夏の陽射しを浴びながら急ぐのですが、広い傾斜地を歩くのはそれ程楽ではありません。ようやくドラゴン・ヒルと白馬の両方が見渡せる崖ぶちにでたのですが、ここでもはっきり白馬の全形を見るのは不可能でした。やはり航空写真以外、あの緑のなかからくっきりと、真っ白に浮かび上がる姿を捉えるのは無理なのです。

いつもの列車で行きます。ゲッリング夫人には迎えに来てくれるよう、葉書を出しておきました。月曜日まで滞在しますから、その日を白馬の日としたら良いでしょう。

ケルムスコットに滞在中の家族に宛てたものですが、モリスはこの地を先祖の地として定期的に訪れていました。モリスと同時代人で、『幸福の王子』などの子供向けの作品でも知られている、唯美主義の詩人で作家の、オスカー・ワイルド（一八五六―一九〇〇）に言わせると、「モリスはケルト人中のケルト人」であったということです。祖父の代からイングランドに移り、モリスもその地で生まれ育ったのではありますが、血は純粋なウェールズ人の血です。そこで自然をこよなく愛するモリスの自然観には、ケルト人特有の自然に対する深い畏怖の念があります。後期のファンタジー作品をみてもわかるように、自然に宿る神性は魔術的な性格をおびてモリス作品に表れているのです。ファンタジーなのだからと軽くは流せません。

さらに、エッピングの森を友とし、溢れるばかりの自然がモリスの原風景であったのだから、という見方も出来るかも知れませんが、その点についてもそれだけでは済まない、幾代にもわたる血のなかに深く沈潜したものが感じられるのです。生まれも育ちも生粋のウェールズ人で、二十世紀最大の詩人の一人、ディラン・トマス（一九一四―五三）を持ち出す必要もないでしょう。しかし、もし比較をするならば、モリスの同時代人で、「現代詩の父」と呼ばれるカトリック詩人、G・M・ホプキンズ（一八四四―八九）の自然にたいする感じ方とモリスのそれは大変よく似ています。

ホプキンズもイングランドで生まれ育ちましたが、濃いウェールズの血をもつ人でした。汎神論を疑われるほど、自然のなかに宿る神性を詩に表わしたホプキンズの詩のひとつに

「ビンゼイのポプラ」という作品がありますが。そこでは切り倒される木を見ている詩人のこころの痛みと、斧で打たれ傷をうける木の苦しみが見事に音で表わされています。

十九世紀は民族高揚の時代で、ケルト復興が叫ばれました。詩人で批評家であったマシュー・アーノルド(一八二二—一八八八)はケルト文学の特徴を「自然に宿る魔術性」としています。特にモリスは環境破壊に対してもザ・ナショナル・トラスト運動の先駆け的役割を果たしましたが、そういった行動もそのような血のなかを深く流れている部分から出てきた強い信念に基づいたものであったと言えます。

ともかく馬はエポナ神としてローマ時代から豊穣と死への勝利の象徴でした。女神エポナは死者の魂を大地母神のもとへ伴う存在で、フランスがガリアと呼ばれていた時代に、ガリアからローマの神話体系の中に入った珍しい例とされています。ガリアはケルト人の地でした。そこで森の民にして、騎馬民族であるケルト人にはそのような馬信仰があったのです。大地を限りなく尊いものとし、大地をとおして熱烈に生を愛し、民衆のために「明日の変化」を信じた社会主義者ウィリアム・モリスのなかで、死と戦う豊穣の神は馬の姿となって民衆を鼓舞する存在となったようです。

バークシャーのこの辺りはモリス作品に数々のインスピレーションを与え続けた地域なのですが、アングロ＝サクソンの王、アルフレッド大王(位八七一—九九)が侵入者デーン人との戦いに勝利した場所、アッシュダウンもこの辺りだと信じられてきました。デーン人とは八世紀末からブリテンを脅かしていた北方民族の総称です。モリスの意識の中で、アッシュダウンの戦いで勇敢に戦った兵士たちはこの辺りの田舎の出身でした。アルフレッドの誕生の地、ウォンテイジから車ですぐのところでありますし、芝を定期的に刈って白馬を描き出しているのは現在でも近隣の住民たちですから、そういうことにもなるでしょう。「楡の木の下で」というエッセイのなかでモリスはこんな風に語っています。

楡の木の下でこういったことに当惑し、わたしの思いはアッシュダウンの野戦から戻ってきて、テムズの谷を永遠に見下ろす白馬を刻んだ、まさにこの田舎の勇敢な男たちのもとにふたたび戻って行くのです。

さらに、モリスの意識はアッシュダウンの戦いをこの地域の農民たちの生活の向上のための戦いと結びつけ、安っぽい物質主義との戦いとも重ねています。

そんな状況のもとであらたな（このたびは資本家による剝奪にたいして）アッシュダウンの戦いが行なわれなければならないとするならば、程度においてはムクドリとおなじくらい聡明に、また恐らくおなじくらい穏やかに、あらたな白馬が彼らの家庭を見下ろすことでしょう。

モリスがはじめてロンドンから川舟「ジィ・アーク」で家族や友人たちと共に川を遡り、ケルムスコットまで行ったとき一番面白かったことは農民たちが干草づくりをする光景をみたことでした。しかし当時の農村は若い働き手が少なく農民の生活も奴隷のような状態で、悲惨なものでした。そこでモリスはそういった悲惨な状況を改善する夢を描きました。それが『ユートピアだより』という作品となったのです。

その物語のなかではだれしもが若々しく小ざっぱりとした、手づくりの衣や装身具を身につけています。物語の結末部には豊かな実りに感謝し、昔ながらの大鎌で刈り取った麦の収穫を喜ぶという光景が描かれています。モリスの思想の具体化としての、「アーツ・アンド・クラフツ・ユートピア」と呼ばれる物語です。その思想の原点はこの地域の自然のうつくしさと、それに不釣合な貧困から生じる醜い人間社会を悲しんだことがはじまりでした。

イングランドの田舎には緑の美しい自然がまだ残されているのだが、崩壊の手がその上にのせられている。人間の生活はそこでは貧しく奴隷的であって、住まいとその中で営まれるいのちの確かな印は、かつては健全で小奇麗なものだったが、惨めなできそこないに道をゆずって、見るのも辛く苦しいものとなっている。……

都会に蔓延している商業主義の手が田舎にも伸びてきて、本来うつくしいはずの自然さえも醜くしようとしているさまを案じて語られた言葉です。しかし白馬の谷は大地が与えてくれる希望と癒しの力を信じるモリスを励まし、民衆が芸術作品を生み出すことができるように鼓舞しました。なぜならばイングランドの装飾デザインの原点がここなのですから。

オックスフォードの町の中心にアシュモレアン博物館があり、アルフレッドの宝飾品が展示されています。外敵からブリテン島を守り、いくつにも分割されていたアングロ＝サクソン王国を統一して、はじめてのイングランド王となったアルフレッド大王は力において勇敢であっただけではなく、大変聡明な王でもありました。幼いときに義母からアングロ＝サクソン詩を贈られて読み、生涯学問を重んじて文武の才に勝れ、自らラテン語の書物の翻訳を行ない各教会に配布するほどの王であったのです。

その王が命じて作らせた、一見ブローチのような飾り物がアルフレッドの宝飾品です。それは卵形のせり上がった黄金の縁どりのある白、グリーン、ブルーの七宝焼で、人物が描かれています。その縁の部分は透かし細工になっていて、「アルフレッドが私に作らせた」とアングロ＝サクソン語で文字が彫られ、その文字そのものがうつくしい模様となっています。その下にはおなじく黄金で口をまるく開けたイノシシのような動物の顔がついています。何に用いられたのか判然としないらしいのですが、人物の乳白色の顔と腕、衣服のエメラルド・グリーンなどが金で縁取られ、背景のコバルト・ブルーのなかに浮き上がっています。ひとつひとつの色合いが明快で、大変うつくしい飾り物です。そのアルフレッドの宝飾品のちかくには、ミンスター・ラベルの宝飾品が展示されています。おなじような黄金と七宝の作品です。

「アルフレッドが私に作らせた」という文字のなかには、作るように命じた王とそれを作った職人の関係が対等にあらわされています。つまり「私」は作品の中に永遠に刻印されているのです。さらに作り手のプライドと自信が漲っています。ともかくも手仕事のうつくしい飾りがこの辺りで生み出されたという事実ひとつ取り上げても、モリスが芸術をこの地域の民衆に鼓舞しようとする意義がありました。オックスフォード近辺は早くから政治的にも重要な役割を演じてきただけでなく、豊富な羊毛資源を持ち、コテッジ・インダストリーとしての家内産業が発達していた地域です。農業だけではなく、さまざまな手仕事の伝統の技が豊かに残っている地域であったのです。

モリスが民衆に求めていたものはロイヤル・アカデミーのようなお抱え芸術家の作り出す作品でもなければ、プライドのないあまりにも大衆化した作品でもありません。アルフレッドの宝飾品や中世の職人たちの技にみられるような、毅然としたプライドのもてる手仕事を、労働者たちに取り戻させることがモリスの一番欲したことでした。労働者に向けての一八八三年の講演、「民衆の芸術」のなかでモリスはこんなふうに語っています。

大衆の芸術、あるいは民衆の芸術という言葉にはご存知のようにひとつの意味があります。その言葉が意味していたものは実際に存在していて、あなた方がナショナル・ギャラリーや大英博物館の中をぶらぶらしている時に少しは見たかもしれませんが、それは多くの場所で、また多くの場合において、苦しみや問題の中にいる人々を慰めたり支えたりしてきました。

そういった芸術が私には偉大な貢献に思えるのです。つまり自分の労働によって生きている者たちが、身体全体で知性を用いて作り出したものだからです。それは思慮のある渇きをともなった本能的なもので、その人の移動にしたがってどこにでも移動し、その人の変化にしたがっていっしょに変化し、美的感性と人生の神秘を真に表現できるものです。即ち、喜びから生まれた芸術で、悲しみの色合いを残していても、それを乗り越えたものです。巧みな技と熱意が漲っていることを未来に示す、生きた証人になるものであって、生活の光や影を縫って、日々の慌しい仕事の中を歩んで行くときに、自信に溢れすぎて自らの不完全な考えや洞察力の微かなきらめきが、驚きや恐怖におちいらないものです。……

今日、悲しい事実は民衆の芸術がないということです。例えば中世の建物がその時代の民衆の感情や渇望を、信徒のものであろうと、執事のものであろうと穏やかに、また素朴に表わしてきたように、民衆全般の感情や渇望を表現できる芸術がないのです。

モリスの表現は象徴性が高いので少しまわりくどい箇所もありますが、要するに人生の喜怒哀楽を知った、生きたこころをもっている人間が、こころを込めて自分を表現したものが真の芸術作品である、ということになるでしょう。その人と共に移動し、その人の変化に従って変わる作品とは、その人の的確な自己表現がなされていて、どんな場所にあってもその人の他には作り出せない作品という意味でしょう。しかも自惚れの技の跡を残さないものでなければいけない、ということです。

父は笛の音がいちばん好きでした、とメイ・モリスは語りました。丘から丘へとこだまする笛、もしそれがバグ・パイプの響きであれば、それはモリスがいちばん喜ぶ音と空間の世界だと言います。瞬間を束ねて、余韻だけを残す音の世界。堅固な大地から大地へと漂って、人の意識と精神を高め、鼓舞して止まないもの。風のように去っていっても、それを聞いていた者たちを微動だにしない緑の大地とひとつにして、確たる自信をあたえると思われる楽の音。民衆の芸術について語るモリスの言葉にはそんな笛の響きのようなものが感じられます。

11　グレート・コックスウェル

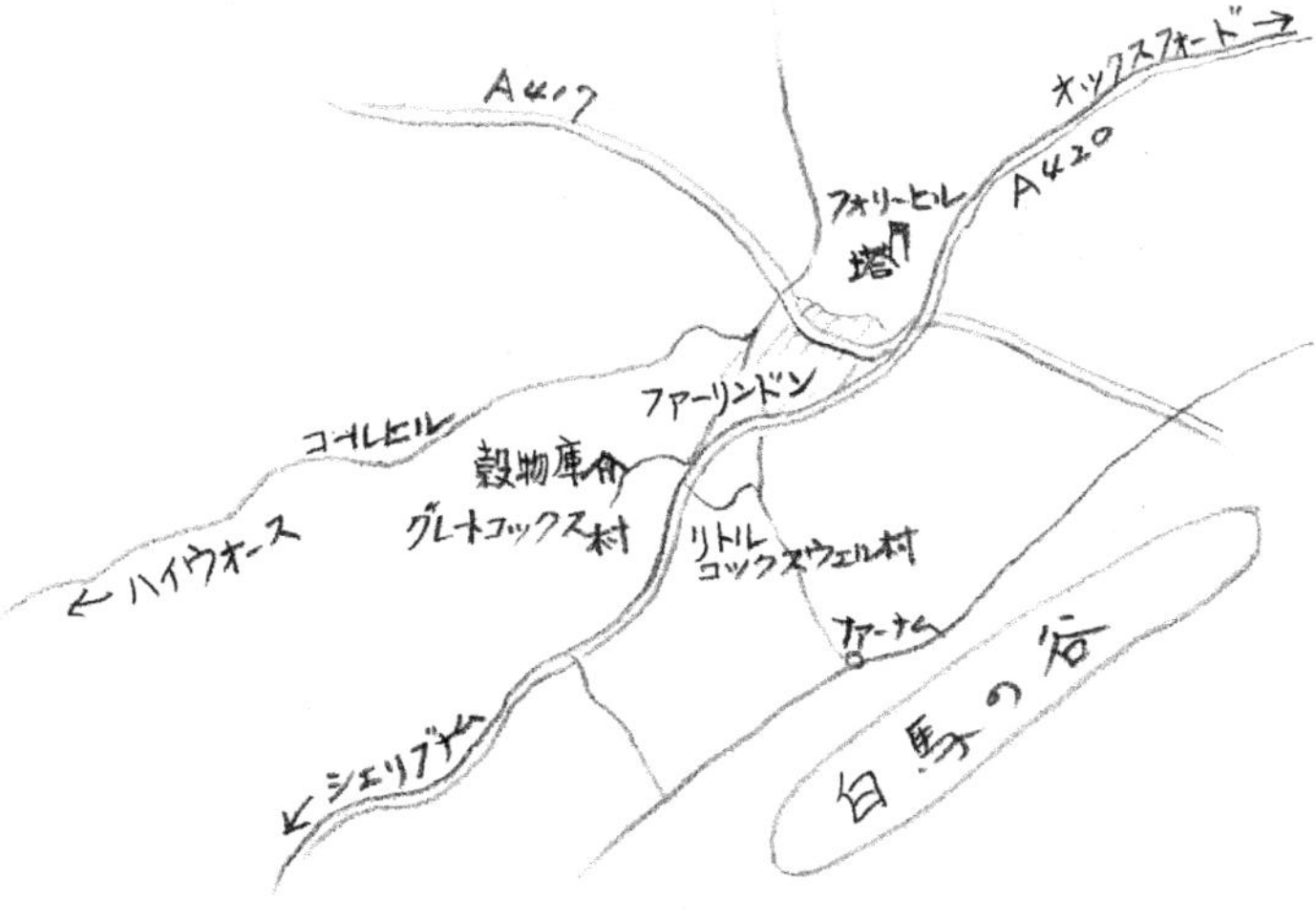

オックスフォードの雑踏を逃れるようにバスに乗りました。暑い日でした。英国では中・長距離バスを四輪馬車《コーチ》が駅馬車であった頃の名残のまま、コーチと呼びますが、そのコーチ・ステーションにはぎっしりと大型バスが肩を並べていました。しかし、駐車はこれ以上不可能というほど、満杯状態のバス乗場のその一番片隅に、大型バスに隠れるように、しかもいかにも申し訳なさそうに、小型バスが一台駐車していました。

恐らくこのバスでしょう。運転手に確認すると、ファーリンドンを通るということでした。そこでハンカチで汗を拭き拭き乗り込みました。ホテルや劇場でさえも空調設備がないのに、こんな小さなバスにエヤコンがあるわけがありません。しかしありがたいことに乗客は三人きりでした。窓を一杯に開けたバスが村を幾つか抜け、森を切り開いたような木々のなかを通り抜けるころにようやく汗が収まりました。

ひどい暑さです。ロンドンでは連日三十五度以上を記録して、地下鉄の中は四十度に達した日があったというのですから恐ろしい。一九七七年のもっとも暑かった日の記録をその年、二〇〇三年は更新したそうですが、まったくありがたくない記録の更新です。英国でこんなに汗をかくようになったのはこの一〇年くらいのことですが、いつのまにか気がつくとハンカチを握っていました。日差しが少々暑くても英国の夏は爽やかで、ハンカチの必要などまったくなかった日々がいまでは懐かしくさえありました。

平坦な道をさらにバスは走り続けました。すると右手の小高い丘の上に塔が見えてきました。ファーリンドンの「気狂いタワー」です。ブロードウェイのタワーと同じく丘の上に塔だけを建てるのが流行した時代の遺物ではありますが、塔が完成されたのは一九三五年で、その手の塔としては最後の塔と言われています。塔が立つ丘は「フォリー・ヒル」とよばれていますが、ブロードウェイ・タワーとは異なってその塔をただ単純に「気狂いタワー」とは呼べません。

建てたのは奇人として有名な、芸術家でもあったバーナーズ卿で、古典様式とゴシック様式とが混じりあった塔だけの建物は確かに「気狂いタワー」の名にふさわしいのですが、丘の名称フォリーは元来フランス語の「木の葉」とか「茂み」を意味する'feuille'からきた言葉で、塔を指すときは「愚か」'folly'の意味もかけて呼んでいるのです。モリスの時代から丘の中腹にはパブ「フォリー」がありましたが、ユーモア好きの英国人のこと、酔っ払いの天国、パブは当然、後者の意味のほうで命名されたのでしょう。

バスは町に入り、市の取引所、マーケット・プレイスで止まりました。辺りを見回すと、ファーリンドンの町はレンガと石の建物が混じっていて、侘しさを拭えません。かつては大変賑やかなところであったようですが、一九五〇年代にここでも鉄道は廃止され、コッツウォルズの一部ではあるのですが観光地としては完全に置き去りにされています。町のつくりから見れば四方が吹き抜けのマーケット・プレイスがあって、典型的な市の立つ町の形態を整えているのですが、しっとりと落ち着いたコッツウォルズの石の建物が並ぶ町ではないため、観光地として注目されないのです。どうやら大きな火災があって、その後復興されていないのだそうです。町のパンフレットには「コッツウォルズの玄関口」と書かれていますが、現在ではコッツウォルズの場末といった感じです。かつては王の直轄領として大変栄えた町です。オックスフォードからはファーナムやシェリブナム経由とコールヒルとハイウォース経由の二本の道がありました。更にラドコットを経てくるウェールズやミッドランド方面からの道もあり、重要な交易地として、ヘンリー三世（位一二一六―七二）から憲章を与えられていました。更におおきく時代が下ったモリスの時代にもまだうつくしい町であったようです。

モリスに連れられてこの町をはじめて訪れた際、秘書のシドニー・コッカレルは立派な教会のあるちいさなうつくしいところ、とこの町の印象を語っています。彼らはパブ「フォリー」で昼食を食べたようです。しかし食事の間中ずっとモリスは遠くに見える青みがかった「白馬の丘」に夢中であったということです。「フォリー」はタワーにゆく途中の、坂をすこし登った所にありますが、昼食をとりながら白馬の谷が青みを帯びて遠くに見ることができた時代とはなんて良い時代だったのでしょう。

バスが町に入ると、マーケット・プレイスの少し手前に標識が幾つも立っていて、各矢印の方向には「グレート・コックスウェル」、「白馬の谷」、「ケルムスコット」などと書かれています。コッツウォルズ地方のなかでもモリスがひたすら愛着を感じた場所にことごとく隣接していますので、ファーリンドンはモリス関連の場所に行くには一番重要な町なのです。

その日はマーケット・プレイスでバスを降り、タクシーに乗り換えてグレート・コックスウェル村へと向かいました。その途中、家がかなり密集している地域に車がさしかかりましたので運転手に聞いてみると、リトル・コックスウェル村とのことです。英国にはグレートとリトルのふたつに分割された地名がかなりあるのですが、グレートは必ずしもグレートでない場合があるので面白いのです。ここはその典型でしょうか。リトルのほうは家がかなり密集していて、おおきな村のようですが、グレートはパブ一軒存在していないような小さな村です。

英国史のなかの数々ある大きな出来事の中でも一〇六六年のノルマン・コンクエストは社会基盤を根底からくつがえして、英国を中世ヨーロッパの封建制の枠組みの中に組み込んだ出来事としてもっとも大きな事件でありました。ウィリアム征服王がフランスのノルマンディーからやってきて、アングロ＝サクソン王国にとってかわったのです。あの有名な土地台帳、ドゥームズデー・ブックはウィリアムがブリテン島を征服して十九年を経た一〇八五年から土地検分を行ない、その結果出現したものです。

この村に関して、台帳の記述には、「ふたつのコックスウェル村」とあるそうです。どちらの村も王の直轄領であったため、記録には「王がコックスウェルを所有している」という表現と、「王がもうひとつのコックスウェルを所有している」という、ふたつの書き方で表わされていて、グレートとリトルの区別はないということです。前者は十三家族で八ハイドの広さの土地であるのに対し、後者は十七家族で九ハイドの土地と記されています。当時の土地面積を示す単位はハイドといい、一ハイドは六〇―一二〇エーカーと考えられていますから、計算によっては倍の違いが出るようです。広さの違いはさて置き、歴史家は前者が現在のグレートで後者をリトルと考えているようです。しかしいつからはっきりといまのような地名になったか分らない、と言います。ともかくなにがグレートで、なにがリトルなのかはなはだ理解しづらいのですが、もしかしたらグレートには教会があり、リトルにはないからなのでは、と考える人もいます。

中世ヨーロッパは、教会が政治的にも絶対の権力をもっていた政教一致の時代で、王権神授説という考えがあり、王の座というのは神から与えられた特権でした。支配権だけではなく、病の人を癒す力までもった絶対的権威でした。そこで各教区の教会もその地域をまとめるための大きな役割を果たしていました。ですから教会があるかどうかで重要度は完全に異なってきます。オックスフォードシャーには有名なミルトン村があります。グレートとリトルに分かれていますが、どちらもお金持ち村として知られ、藁葺き屋根の家が立ち並ぶうつくしい村です。とくにグレートの方には有名なホテル「マノワール・ドゥ・カートル・セゾン」（四季亭）があり、超高級ホテルとして有名なのですが、あの村の教会はどこだったかな、と一瞬考えてしまいます。

車がグレート・コックスウェル村に入ると、もうすぐその先は村はずれで、急な下り坂になっています。その勾配のきつい坂のすこし上に村の教会が見えました。年月を経た重い木の扉を開け中に入りましたが、暗くてなにも見えません。ここにはモリス夫妻の墓碑銘入りの銅板があるはずなのです。と言っても中世の衣装に身を包んだモリスと同姓同名の夫妻の銅板画なのですが。目がだんだんと闇に慣れてきたもののそれらしきものはありません。ゆっくりと小さな堂のなかを廻ってみました。墓碑銘というので床石ばかり見ていたのですが、なんとそれは墓石としてはめ込まれているのではなく、独立した二枚の銅板で、説教壇の下の床に置いて、壁にもたせかけてありました。

その銅板はモリスとジェインが客を案内して穀物庫を見にきた際にこの教区教会に立ち寄り、偶然見つけたものだということですが、モリスは自分と同姓同名の人間の墓碑銘を見て、驚くと同時に大変喜んだといいます。メイが伝えるところでは、モリスは後にそれを拓本として墨で写し取り、ハマースミスの自宅に掛けていたそうです。バーン＝ジョウンズ夫人であるジョージアナへの手紙の中でも「ウィリアム・モリスはこの村の領主であったらしい。実にうつくしい銅板画です」と書いています。夫人は長くとがった帽子を被り、風俗画として装飾的にも確かにおもしろい作品です。

墓地に出てみました。一方は険しい崖になっているのですが、裏手は一面の麦畑で収穫は終わっていました。暑い日なので手に持っていたミネラル・ウォーターのプラスチックのボトルはすっかり空になっていました。墓地と畑の境の木陰に立って古い教会を眺めながら、崖の下から上がってきた風が麦畑へと吹きぬけるのを愉しんでいました。

眼前の苔むした墓石はいまにも倒れそうなもの、もうすっかり倒れて半ば地面に埋まってしまっているものなどさまざまですが、西洋の墓地にはどこも同じように暗い雰囲気はありません。墓場の木として知られている大きないちいの木の下の、黒い影となった墓石にも、陰鬱なものは感じられませんでした。墓石という遠い昔の人たちの名残を目で眺めながらも、身体は収穫を終えたばかりの、まだいのちに溢れている整然とした畑に背後から支えられているからなのでしょうか、墓地には重苦しいものはなにもないのです。

そんなことを考えていると、突然ぼーという船の汽笛のようなおおきな風の音が鳴り響いたのです。捨てることも出来ずに手にしていた水のボトルの蓋がいつの間にか落ちて、風がボトルの中に吹き込みながら、張り裂けんばかりのいのちの声を上げたのでした。楽しくなってつぎつぎと風の方向にボトルの口を向けて風を呼び込み、その歌を聴きました。

誰もいない生と死の境の地での自然との戯れは、モリスが言うように「死とは生が一瞬形を変えただけのもの」として心地よく納得できました。

風に別れを告げ、やがてゆっくりとモリスが絶賛した穀物庫へと足を向けました。村からすこし離れ、国道に面してその建物は立っています。暑い真夏の太陽の下で、抜けるような青空に真っ白な雲がおおきくいくつも浮かんでいて、陽射しのせいでなにもかも白っぽく浮いたように見える日でした。

モリスが讃えるこの穀物庫を見たいと、この瞬間を長い間夢みてきたのでしたが、長年のあこがれに反して、それはただのっぺりとした平坦なつくりの、装飾的なものを一切排した、機能美だけのような建物に最初は見えたのです。しかし心を落ち着けて静かに建物と対面してみると、壁面は滑らかであると同時に堅固で、色調はやわらかく、壁に沿って静かに傾斜するコッツウォルズ産の、黒のスレートの屋根はくっきりと、長い大胆なラインを背後の野原に向けて流しています。それはがっしりと大地の上に根をおろした大木のようにも思えました。

穀物庫ですから風とおしのための四角い小さな穴が、壁面にモザイク模様のように無数にあいているのですが、どっしりとした、見るからに重そうな、長い年月、風雨に洗われた木の扉と相まって、機能美だけとはいえ、なんらかの装飾を施すより以上に装飾的なのに気づかされました。大地の中からせり上がってきて、そのままそこにどっしりと腰をおろした自然の建造物とでも呼びたい建物で、色合いからはじまり、自然が自ら手をほどこして創造したような限りなく気品に満ちた建物です。

威厳があって近づき難く、大聖堂のように美しいが、建てた者の技には気取りが全くない。

建物の正式な名称は「グレート・コックスウェル・タイス・バーン」といって、タイス（十分の一税）として村人から物納されていた小麦、カラス麦、ライ麦、更に大麦などの穀物を収納しておく場所でした。一二〇三年に当時の王、ジョン（位一一九九―一二一六）が、ファーリンドンの直轄領であったこの土地をシトー会の僧院設立のために与えました。英国にフランス系の修道会が増えていった時代です。ボウリュー・アビー付属の修道会の穀物庫として、この建物が建てられたのは、最近の研究によると十三世紀末とのことで、もう少し早い時期を想定していたモリスの見解とは異なるようです。しかしいずれにせよ王と教会権力支配による封建制の華やかな時代の遺物です。十分の一と称してもどれだけのものが領主と教会に納められたのでしょうか。この地域の農民の生活は過酷極まりないものでした。モリスの言葉によると、自然のうつくしさに反比例するかのように貧しさのため人間は醜かったのです。「田園のうつくしさに矛盾する田舎の悲劇」としてモリスがし

11　グレート・コックスウェル

ばしば語っていることです。テムズ川の上流地域に住む人々が自然と同じくらいうつくしくなる日を夢みて書かれたのが『ユートピアだより』で、その点が執筆の一番の動機です。モリスが「タイス」という言葉の響きをどう受け止めていたのか聞いてみたくなりました。中世好みといっても封建権力をよく思っていた筈はないのですから。

灰色の石の村が点在する地域としてモリスはひたすらこのコッツウォルズ地方を讃えましたが、モリスの目のなんと確かなことでしょう。余計な色をまじえない、簡素で気品にみちた建物がさらに自然の偉大な力を付与されて、「創造」の極みに置かれたかのような建物であるのは確かです。「大聖堂のように美しい」という表現はそういうことでしょう。モリスが讃える美の物差しの厳密さに、またも言葉を失いしばらく動くことができませんでした。

風が立ちました。建物の奥の開け放たれた扉の向うで、青い波が揺れるのがくっきりと見えました。それは扉の中の一幅の絵のようでした。無数の木の太い梁の下を、暗いトンネルを抜けるように抜けて、その一枚の絵に近づいてみました。扉の外一面にいのちに溢れた緑の草が広がり、左手はちいさな森の木々が視界をさえぎっています。

一八九二年に秘書のシドニー・コッカレルを連れてここを訪れた際、モリスは「イングランドで一番すぐれた建物だ。こんな家が建てたい」と語ったそうです。モリスは子供時代を過ごしたエッピングの森を原風景とし、そこからパターン・デザインのための多くのインスピレーションを得ていますが、コッツウォルズの村々との出会いはモリスにパターン・デザインのみならず、簡素な人間の生活の場としての村や、家のあるべき姿をも示唆しました。マナー周辺の地域がモリスに与えた影響はとても大きいのです。

12　ブラッドフォード‐オン‐エイボンから
エディントンへ

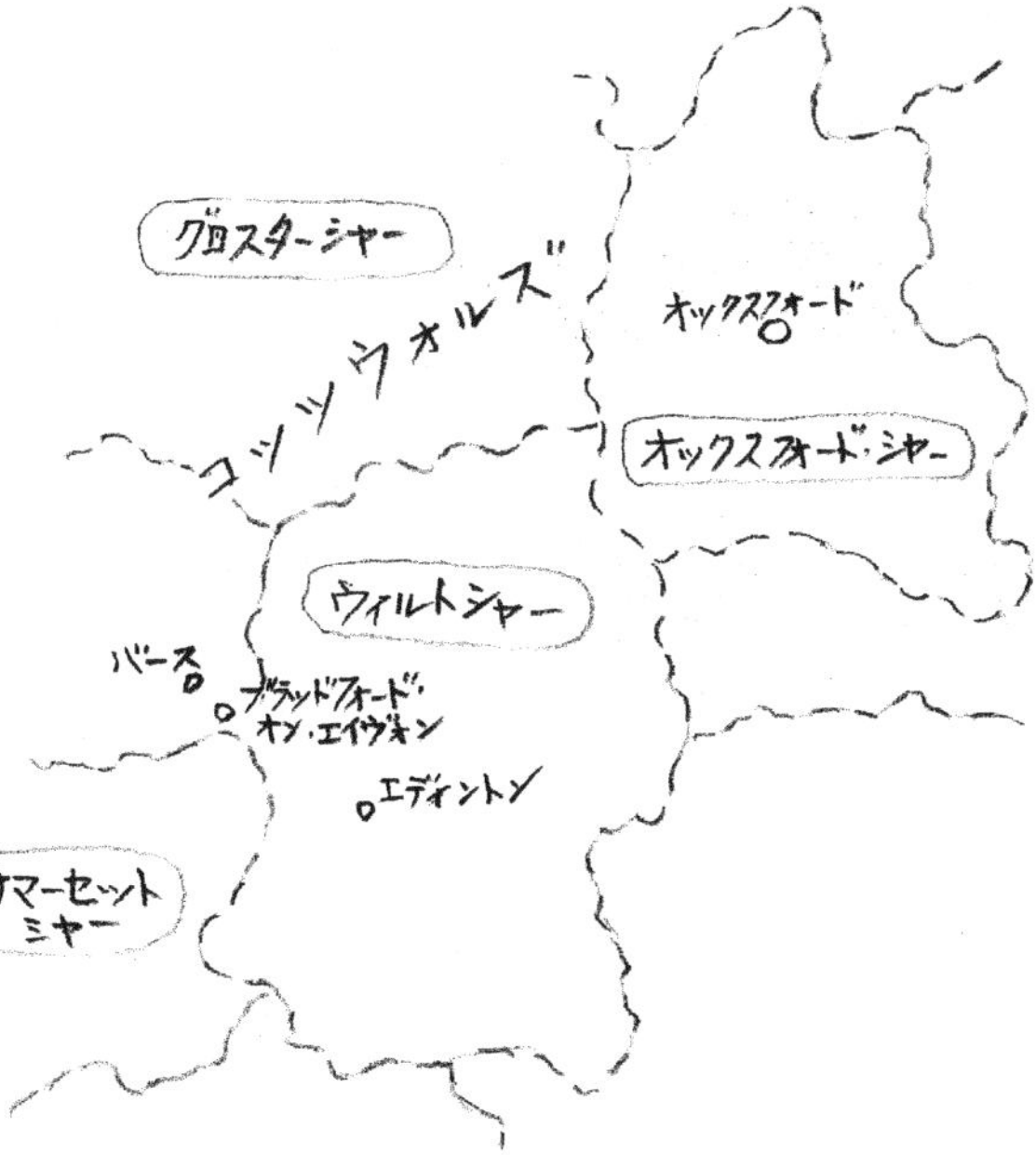

ローマの大浴場跡が残っているので有名なバースからバスに乗りました。小高い丘をバスは登り続け、やがて牧草地と木々とその間に白い家並みがのぞいて見える、うつくしい谷が一望に見渡せる道に出ました。バースは牧草地だけでなくこんなに木々が多かったかと感心するほどうつくしい谷です。

十八世紀には流行の先端をゆく場所として多くの著名人を集めたバースでしたが、そのうつくしさはローマやフィレンツェなど、イタリアの都市を模した壮大な建物や橋、川床の水の流れのデザインなど、ローマ時代の遺跡が残る場所にふさわしく、すべて計算の下に設計されています。しかしイタリアに模して町を設計できるというのも、この地では良質の石が豊富に産出されるからに他なりません。コッツウォルズの石をもう少し白っぽくしたような石がそれで、ロイヤル・クレゼントの半月形の、とてつもなく壮大なマンション・ハウス、いわゆる高級集合住宅をはじめとして、町の隅々にいたるまで、その石を使ったどっしりとした建物でバースの町は埋め尽くされています。だからこそ上流階級や著名人たちを集めることができたのでしょう。たしかに重厚さと気品に満ちた町です。それに木々の緑のバランスが大変よく、品位があるという意味ではイタリアなどよりよほどどう

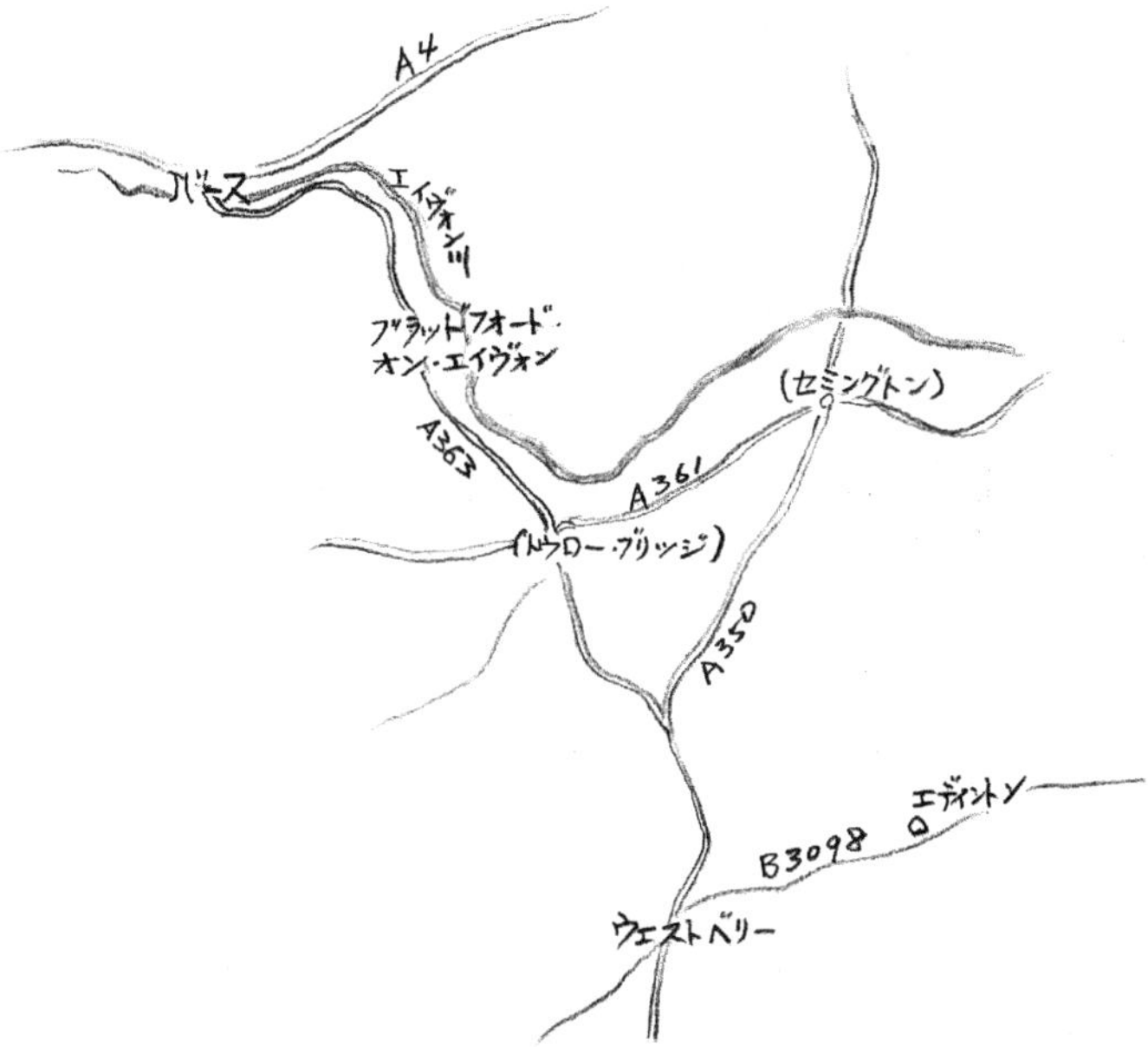
A4
バース
エイヴォン川
ブラッドフォード・
オン・エイヴォン
A363
(セミングトン)
A361
(ハウロー・ブリッジ)
A350
エディントン
B3098
ウェストベリー

つくしいでしょう。

左右の車窓からうつくしい谷あいを眺めているうちにバスは小さな町に入りました。ここもバースの石で建てられた家並みのうつくしい所で、石の橋を渡ってバスは止まりました。ブラッドフォード＝オン＝エイヴォンです。シェイクスピアの生まれたストラットフォード＝アッポン＝エイヴォンと間違えそうな名前ですが、同じエイヴォン川ではありません。

ブリテン島中に数多くのエイヴォン川が流れているのですが、元来エイヴォンという言葉がアングロ＝サクソン語で「川」という意味なので、フランス語しか分らなかった征服者ノルマンディー人たちが、土地の人間からブリテンの川の名前を聞いてもはっきりと理解できず、どれもエイヴォン川としてしまったというのです。この話はどことなくオーストラリアのカンガルーの話と似ていて、ほんとう？と思ってしまいます。ともかくそれが本当であるかないかは別として、ブラッドフォードはもともとヨークシャーにある町ですが、そこから貧しい機織職人たちが生活の場を求めてやって来て、このエイヴォン川沿いにつくった町なので、ブラッドフォード＝オン＝エイヴォンという町名になり、いまでも機織職人のコテッジが残っています。

一八八九年五月、モリスはこの町を訪れ、アングロ＝サクソン時代の教会や町のうつくしさについて語っています。「家はすべて石造りで、たいていは古く、その多くが中世のものです。橋は十五世紀のもので、小さく奇妙な料金所があります」など、ジョージアナ・バーン＝ジョウンズにかなり詳しく書き送っています。その手紙によるとなんと鉄道がこの町にもあったようで、鉄道の駅のすぐそばにバートン農場の古い建物があり、そのひとつが十四世紀の立派な穀物庫です、とモリスは説明しています。モリスの手紙を読んでいると、その当時のほうが町ははるかに活気に溢れ、力強いものがあることが伝わってきます。

モリスが好きだった町や村は、十九世紀には極度の貧富の差があり、醜い部分も多くあったのですが、現在では極貧状態は改善され、ある意味では当時よりうつくしくなっているかも知れません。それなのになにか胸につまされることが時々あるのです。観光客にとって訪れるには不便であるとはいえ、一旦町のなかに入ってしまえば中世そのままのような町並みに我をわすれ、うっとりと見入ってしまい、不便をいとわず来た甲斐があったと思えるので、不便はかえって景観を守るには好ましい、とさえ思うこともあります。しかしその一方で人通りの少ない町に寂しさを拭えないのも確かです。

一軒のパブに入ってみました。まだ六時頃でしたが、それにしても人が少なすぎます。外から見ると大きなパブなのですが、なかにはだれもいません。老夫婦が奥のテーブルで話し合っているだけで、カウンターにも誰もいません。まだ夏が終わった訳ではない二〇〇三年、暑さの記録を更新した年の八月二十七日でした。あまりがらんとしているので、すぐ出るつもりでした。しかし老夫婦が人の気配に気づいてこちらを振り向いたので、致し方なくビールを注文しました。少し飲んではみたものの、侘しさにいたたまれず、すぐ外に出ました。残してすみませんと言い訳しながら表に出ると、すぐ目に付く所にパブが三軒もあるのです。しかし、どの店にも客の姿はひとりふたりしか見えません。いちばん名の通ったホテルで食事をしたのですが、そこも人は殆どいませんでした。

いつもの夏ならもっと観光客も多かったのかもしれません。英国ポンドが高すぎるのと、テロや新型肺炎のせいで訪れる人が少なかったのかも知れません。しかし問題はそんなことではないように思えるのです。基本的に町の人口が少なく、若者がいないのです。産業がないので当然でしょう。観光業のみに頼っているといざ何かあったときに打撃もおおきいのです。近くに働く場所といってもどこも似たような観光依存の町です。数年前の口蹄《こうてい》疫《えき》のときも、湖水地方やコッツウォルズなど名だたる観光地が軒並み被害をこうむったのでした。

鉄道がない、なんとすばらしいことなのでしょう。昔の景観はそのまま保たれています。しかし同時になんと寂しいことでもあるでしょうか。鉄道の国有化にともなって廃止された路線が英国は多すぎるのです。英国の鉄道は日本とは少し異なりますが、一九四〇年代に国有化されました。五〇年代末から六〇年代には採算の合わない路線を廃止することになって、この地方の多くの路線が廃止されました。一九八〇年以降はまた民営となりましたが、多くの問題が残されたままです。過疎化したコッツウォルズの村や町はどこも似たり寄ったりです。鉄道がないので産業がなくなったのでは当然なく、産業がないので、人の数も減り、鉄道も廃止されたのです。織物産業が衰退した結果です。

目先の利益に惑わされ、土地所有者が農民から農地を奪った結果、農業もおろそかにされました。そういったことを食い止める方法はなかったのでしょうか。それとも羊毛業に代わる産業を何か見つけることが出来なかったのでしょうか。細々でもそれに代わる産業をなにか起して、同時に鉄道も廃止せずにいれば町はもうすこし活気を帯びてくるでしょう。それに加え景観を守るための厳しい条例があれば観光客も減ることはないのです。古い家や町並みを保とうとする条例に関しては英国は大丈夫です。機械を嫌って手仕事を奨励したモリスですが、この町の現状をみれば鉄道に頭から反対するとは思えません。モリスは機械に全面的に反対した訳ではないのですから。

アングロ＝サクソン教会にいってみました。おかしな修復ですっかり駄目になってしまっている、とモリスは語っていますが、がっしりとした建物です。ちいさな窓がいくつか見えます。紀元八〇〇年ころの建物だそうですが、暗い内部の内陣部分には半分欠けたまるい石の十字架が飾られ、その上の壁に天使の彫り物が見えています。かつては彩色されていたようで、うっすらと色が残っています。天井の高い、小さく縦長の典型的なアングロ＝サクソンの建物で、がっしりした飾り気のない建物はモリスが修復したイングルシャム教会を思い出させました。しかしイングルシャム教会よりもはるかに朴訥《ぼくとつ》なかんじです。窓はあとからつくられたものですから、原初においては蠟燭の光しかなかったはずです。イングランドにキリスト教が布教されたのはアングロ＝サクソン時代です。信仰が人々のこころに熱く燃えあがりはじめた創建当時、闇の礼拝堂を照らす蠟燭の光はどんなにか清冽で激しくきらめいていたことでしょう。

教会を出て、川に沿って細い道をゆくと、少年たちが釣りをしていました。にこやかな子供らしい少年たちでした。バケツになにも入っていません。釣れないの、と聞くと、釣ってもすぐに川に戻してしまうとの返事でした。魚はすぐまたかかるから見ていて、と言うのでじっと見ていると本当におおきな魚がかかりました。とても気立ての良い子供たちと、食べられないので釣っても川に戻されてしまう魚と、それでも楽しそうにおこなわれている自然のなかでの遊び。少年たちとの会話はとても爽やかなものでしたが、なにか矛盾した一抹の寂しさを覚えたのも事実です。見るからにうつくしい自然。しかし人は少ないのに川の水は汚れているのです。

ウェールズのティンターン・アビーの脇を流れるワイ川。静かな川の流れる牧歌的な景色。川辺に佇み、川越しに廃墟の寺院を眺めて、そのうつくしさに浸っていた鼻先に、洗剤の泡が流れてきて落胆した時のことが思い出されました。どこの国も同じ問題に悩んでいるようですが、自然はこんなにも脅かされているのです。モリスがこの状態をみたらなんと言うでしょうか。彼の怒りは一気に爆発することでしょう。魚釣りがなによりも好きだったモリスにとって川が汚れているなんてもっとも許し難かったはずです。鉄道もなく、産業もなく、その結果人口が減って、若者が少なくなっても、川を汚さないようにすることはできる筈です。

少年たちと別れ、更に川に沿って歩いてゆくと、広々とした野原に出ました。しかしすぐに大きな家に視界をふさがれました。どうやらモリスの語っている中世の穀物庫はその後ろ辺りのようです。その家の脇を抜けるとまた一気に視界が広がり、立派な穀物庫が建っていました。

左手には防風林のようにポプラの木が一列に並び、野原との境界線となっています。建物の後ろは少し傾斜地となっていてグレート・コックスウェル村の穀物庫とは立地からしてまるで違っています。石の色合いも屋根の色や傾斜具合もよく似ていますが、表と裏の両方に左右対称の入り口が二ヶ所ずつ、計四箇所もあり、あのすっきりとして威厳に満ちたグレート・コックスウェル村の建物とは形状が全く違うのです。通気口はグレート・コックスウェル村の方は装飾としてデザインされたようなうつくしさがありますが、こちらはあまりうつくしいとはいえません。「とても立派なのだが、グレート・コックスウェルのほうが大きくて、むこうのほうが好きです」とモリスは語っているのですが、大きさだけの問題ではありません。同じような建物でもこうも違うのか、と思い知らされました。

翌日ウェストベリーゆきのバスに乗りエディントンへ向かいました。モリスの「夢の教会」を見るためです。エディントンもかつては鉄道があったのですが、いまはタクシー以外ありません。そこでウェストベリーでタクシーに乗りかえたのですが、途中丘の中腹にあのどでっとした白馬が現れました。「十八世紀のまがい物」としてモリスが嫌っていた白馬です。

あまりにも写実的な馬の姿があたり一面を圧倒して、不自然そのものです。モリスが嫌う理由も良くわかります。自然を前面に出して、背後に控えているようなアッフィントンの白馬にはやはり威厳があります。バースからコーンウォールにかけて、ウェストカントリーと呼ばれ、同じイングランドといっても雰囲気が異なっています。コーンウォールははっきりとケルト人の地です。「プリマスを越えるとそこはコーンウォール共和国」と土地の人々はそうコーンウォールを称していますが、ウェールズやコーンウォールに近いこの地域には、かつてはケルト人のものであった地へ少しずつ入ってゆくような雰囲気がただよっています。

白馬を通り越すと道は狭くなり、やがてエディントンの村へとタクシーは入ってゆきました。細い村道の両脇に家が数軒並んでいます。タクシーは左手にカーブしてかなり傾斜の激しい坂道を下りました。ながい旅でしたがようやくモリスの「夢の教会」、エディントン・チャーチにつきました。

正面入り口がおおきく張り出し、両脇に翼廊の付いた建物です。石は当然バースの石でしょう。コッツウォルズの建物よりも白味を帯びています。本来は修道院付の教会で、一三五二年にウィンチェスターの司教、ウィリアム・オブ・エディントンによって建てられたといいます。屋根部分はすべて切り込みの入った縁取り壁になっている端正な建物で、城郭建築のような趣も呈していますが、良くある形式の教会です。モリスは大きな教会だといっていますが、一見したその瞬間はこぢんまりとまとまった教会で、様式的には装飾式から垂直式へと移行する時期のものだそうです。

翌朝、丘陵地帯の裾野を抜けて、エディントンへ馬車をはしらせました。……それは私の夢の教会のように、大きくて見事な教会でした。エディントンの全人口と、付近のふたつの村の人々がみな礼拝に来ても、翼廊のひとつで充分なほどの大きさです。その脇にはうつくしい庭のある十五世紀の家があり、その先に修道院の庭と魚の池、そしてそのむかい側に村の共有地があります。

この文章もジョージアナ・バーン゠ジョウンズにあてた手紙の一節で、ブラッドフォードを訪れたのと同じ日にモリスはエディントンも訪れています。「夢の教会」というのは恐らく教会の装飾に携わる中世の石工を主人公にした「知られざる教会」というタイトルの物語があり、この教会がそのモデルになったということをさしていると思われます。モリスがまだエクスター・コレッジの学生であった頃、オックスフォード大学とケンブリッジ大学の学生たちが寄稿した『オックスフォード・アンド・ケンブリッジ・マガジン』という学生雑誌に載せられている作品です。少なくとも理想の教会という意味ではモリスの「夢」の教会であるのは確かでしょう。

外部はすっきりとした外観ですが、装飾式から垂直式への移行期の建築様式と呼ばれるとおり、内部は限りなく装飾的です。白地に赤い模様の入った漆喰の天井は、赤いレースを天井一面に広げたような華やかさです。その部分は塗りではなく、浮きでています。赤い漆喰を型抜きし、丹念に貼り付けたのでしょうか。この浮き模様のある破風部分の天井は一六六三年に作られたと記されているようですから建立当時のものではないようです。透かし彫りの内陣仕切りで、建築史の上でもよく知られた教会のようですが、その点でも中世の教会の特徴が至るところにみられます。職人が自分の仕事に喜びとプライドを持っていた時代に建てられた教会として、モリスが讃える手仕事のうつくしさに溢れているのですから、確かに「私の夢の教会」とモリスが呼ぶのにふさわしい建物です。

中世色に溢れているといえば、かつてのイングランドの守護聖人である聖ジョージが竜を退治している姿を刺繍した幟《のぼり》がいまでも飾られています。それだけではなく、信者席の木の椅子を上げると、裏に竜の彫刻がしてあるものがいくつもあります。パリのクリュニ

T.S.

ー中世美術館に数多く並べられているのと同じような、椅子の裏面彫刻です。建物の外観をうつくしく飾るのと同じく、ミサや礼拝が行なわれていない時にも、上にあげられた椅子に施された彫刻で、御堂内を飾りたいと願った中世の信仰の結果です。

聖ジョージは架空の人物として聖人の座から降ろされてしまいましたが、それにもかかわらずイングランドを代表し、象徴している聖人と一般には考えられています。四月二十三日は聖ジョージの祝日で、一六〇六年まで白地に赤の十字がイングランドの国旗でした。現在の英国旗ユニオンジャックはその十字にアイルランドの聖パトリックの十字と、スコットランドの聖アンドリューの十字を重ねたものです。

聖ジョージが聖人の列からはずされ、守護聖人の座を退かされたとき、英国人はとても嘆いたといいます。聖ジョージ信仰は英国だけでなく全ヨーロッパ的なもので、十世紀頃から崇拝がはじまり、十五世紀にはクリスマスと同じくらい重要な祝日であったとの事です。聖ジョージがとりわけイングランドの人々に愛されるのは、アングロ＝サクソンの英雄「ベオウルフ」と重なるからでしょう。

『ベオウルフ』はアングロ＝サクソン語で書かれた八世紀ころの叙事詩ですが、外敵から国を守る英雄の物語です。その主人公ベオウルフと聖ジョージに共通する点は竜を退治して、民衆を救うことです。アングロ＝サクソンの英雄にせよ、十字軍で勲功をたてた騎士であるにせよ、偉大な英雄で、民衆の崇拝の的となるのは確かです。ラファエル前派の画家たちは好んで竜を退治する聖ジョージを題材として取り上げました。竜を退治し王の娘である乙女を救う聖ジョージは、ラファエル前派好みであるのはいうまでもありません。

「白馬の谷」の章で書きましたように、モリスの好きな白馬の谷の、その白馬の下方にはまるい小塚、ドラゴン・ヒルがあって、聖ジョージが竜を退治したという伝説の場所になっています。それはともかく、れっきとした教会で聖人の列から降格し、神話のレベルにとどまっている聖ジョージをいまだに祭っているところが他にあるのでしょうか。少なくともイングランドではないのではないかと思われます。このエディントン教会でも、ただ単に装飾的な意味合いで聖ジョージの幟が飾られているだけかも知れませんが、椅子の裏の竜の彫刻からすると、装飾以上のなにかがこのエディントン教会との関係にはあるのかもしれません。いずれにせよ装飾的という意味でこれぞ正にモリス好みと言えそうです。竜の彫刻はアイスランド・サガやアングロ＝サクソン詩に惹かれたモリスを思い出させるものですし、中世の入念な手仕事としてモリスの「夢の教会」にふさわしいものです。

モリスが埋葬されているケルムスコット村の教会も聖ジョージ教会で、竜を退治している聖ジョージを描いたステンドグラスがありますが、この教会の修復にもモリスは力を尽くしました。モリスは社会主義者でしたし、十九世紀という時代の空気を反映して、教会とは少し距離をおいていましたので、モリスと聖人崇拝とのつながりは考えられないのですが、竜退治の英雄に捧げられた教会に眠るモリスは安らかな眠りを喜んでいるように思えてなりません。

モリスはうつくしい庭のある十五世紀の家と修道院の庭と池について語っていますが、その家がいまも保全されているのかどうか確認できませんでした。しかし修道院はもはやなく、個人の所有地となっているようです。庭に入る門の脇にはいまでも「修道院の庭」と書かれていて、手入れも怠りなく行なわれ、年一度公開されているようです。裏手に廻って教会をみると、その建物の他はなにも見えないみどりのなかで、丘を背景にして凛と建っています。裏から見るとその全形が一目で見わたせるせいか、ひろい大地にひとつだけ建てられているにもかかわらず、おおきく厳かにみえます。

英文学史のなかで、十七世紀に形而上詩というジャンルがありました。そのグループのひとり、ジョージ・ハーバート（一五九三—一六三三）が結婚式を挙げた教会としてもエディントン・チャーチは知られています。一九八五年八月二十五日の信徒の会で講演したモルウィン・マーチャント教授はジョージ・ハーバートについて語る喜びのひとつとして、彼が自分と同じくウェールズ人であることだ、と述べています。さらに教授は続けて、偉大な形而上詩人がほとんどみなウェールズ人であるのは驚くべき事実ですと語り、形而上詩を代表するペンブルックシャー出身のジョン・ダン（一五七二—一六三一）、同じくペンブルックシャーのヘンリー・フォーン（一六二二—九五）、そしてモンゴメリー出身のジョージ・

ハーバート、と語っています。教会の入り口に置いてあった講演の冊子に書かれていることですが、これらの言葉にやはり、という気持ちでおおきく肯いてしまいました。

モリスは純粋なウェールズ人の血をひく人です。イングランドに生まれ育ちましたが、ウェールズの純粋な血を誇りとし、自らをウェールズ語でCymry（同胞の者）と呼んでいました。ブリテン島をモリスはケルト＝アングロ＝サクソンの地と呼んでいます。事実ケルトの地にアングロ＝サクソンという支配者層がやって来たからといって、ケルト人が一掃された訳ではなく、連合、或いは融合していった者たちもあったでしょうから、モリスの言葉は正しいのです。だが、モリス家は融合せず、ウェールズに逃れた家系だったと思います。

最近のケルト研究はケルト人が大陸を追われ、ブリテンに渡ったのではなく、森の民ケルト人にとって大陸の森が少なくなっていく過程で、みずから森を求めてブリテンに渡ったのではないか、という方向へ向かっています。ブリテンから追われて再び大陸へと戻ったと考えられているフランスのブルターニュ地方のケルト人に関しても同じような方向で考えられるようになったようです。

しかし、そのような海を越える大移動とは別に、ブリテン島内のケルト人の移動は、はじめはローマ軍、次いでアングロ＝サクソン軍に追われた結果です。ローマ軍やアングロ＝サクソン軍の掃討作戦をのがれたケルト人たちは、当時辺境の地であったスコットランドやウェールズ、あるいはイングランドでもコーンウォール地方などに移動しました。移動は平和裡におこなわれたのではなく、戦いの連続であったのですから、イングランドとスコットランドやウェールズとはいまでも仲がよいとはいえません。

最終的には、一五三六年にウェールズが、一七〇七年にはスコットランドがイングランドに併合されて現在にいたっています。その結果、両地域の言葉は英語になりました。しかし、ウェールズでは現在義務教育で失われた母語をとりもどそうとしています。

そのような歴史にもかかわらず、ウェールズ人をこんなふうに絶讃する発言が許されるということは、このエディントン、あるいはウェスト・カントリーという地域はケルト色が強いのかも知れません。ブロードウェイでも感じられたように、イングランドとは異なった雰囲気はこの地の人間にも感じられるのです。

ブラッドフォード-オン-エイヴォンで一泊したB&Bのご夫婦もウェールズ人でした。夫人は広い庭に板状の巣をところせましと並べて蜂を飼い、蜜を採って売っていました。蜂とは大の仲良しといった風で、手袋も顔覆いもつけずに、蜂を追い払って蜜蠟《みつろう》を見せてくれました。手作りのケーキとお茶をだして客をもてなし、会話を楽しむようすを見ていても、なにかが違うのです。モリスはこの地域できっとウェールズを旅するように気楽で楽しかったに違いありません。あの写実極まりない丘の斜面の白馬がなければもっと良かったことでしょう。

13　川辺の散歩道

リーチ川
オックスフォードシャー
A417
レッチレイド
ケルムスコット
テムズ川
イングルシャム
アングロサクソン教会
イートン・ヘイスティングス
バスコット・パーク
A417
ウィルトシャー
A361
ファーリンドン
B4019
グレート・コックスウェル
リトル・コックスウェル
A420

ケルムスコット・マナーのみやげ物店に、マナーを上空から撮った絵葉書がありました。航空写真かと思ったら、気球から撮ったものでした。緑の野原にマナーの全景が写っています。左手にテムズ川のうねり流れるようすが僅かに見えています。こうして上空からの写真をみると、バスコットやイートン・ヘイスティングスの村は大変近く、野原を突っ切ればすぐなんだ、と言ったモリスの言葉がよく理解できます。

テムズ川を挟んで、イートン・ヘイスティングス村もバスコット村もケルムスコット村のほぼ対岸に位置しています。現在ではよく整備された川辺の道、テムズ・パスを辿ってゆけば、散歩にはうってつけの距離にあるでしょう。人々がふたり、さんにんと連れ立って、或いはプロのガイドに先導された十数人のグループが、それぞれ川辺の散歩を楽しんでいる姿はとても英国的です。

各地にあるインフォーメイション・センターに行くと、その地域のウォーキング・ガイドブックが無数に並んでいます。歴史、名所旧跡、その場所にまつわる逸話、歩き方を示した丁寧な説明と地図、パブ、食堂、喫茶室の有無などが、大変分りやすく書かれていますす。そんなガイドブックを片手に各自思い思いに、自然の中での散策を楽しんでいるのです。自然景観を壊さないように最小限に抑えられた人間の手が、人の歩行道であるフット・パスやフット・ブリッジという、あまり目立たない形で至るところに施されていて、牧草地や丘、そして川辺の散策など、だれしもが楽しめるように整備されています。モリスは共有地を開放し、多くの人が楽しめるように、と提案した人です。

ジェニーと僕は今朝バスコットの森に行きました。川の平坦な土地から行くと、違った土地に入って行くかのようにようすがとても異なります。大きなものでない限り、森にはあまり興味がなく、バスコットは僅かに雑木林より大きいくらいのものなのですが、それでも木々の幹の間からみえる遠くの青みがかった土地は、とても心地よい眺めです。

家族、とりわけ長女のジェニーを連れてモリスはよくバスコットの森にゆきました。早春の森で耳にしたのはむくどり、みやまがらす、そしてさぎなどの鳥の歌声。目にしたものは水仙が姿を消したあと、霜をついてようやく咲き出した桜草やアネモネなどの草花。裏庭から緑の野を横切って、川岸をつたい、やがて木々のなかにはいってゆくとき、雑木林くらいの森とはいっても、あたかも違った土地に入ってゆくかのように感じられるほど、モリスのこころは喜びに満ちていたことが手紙の文章からよく分ります。幼い頃をすごしたロンドン郊外の、エッピングの森の思い出は原風景となって、生涯モリス作品にインスピレーションを与え続けましたが、バスコットの森も雑木林くらいとはいえ、モリスにとってはおおきな喜びだったはずです。なぜならば長女ジェニーは病気がちでしたから、モリスはとりわけこころを砕いていました。モリスの家系にまつわりついていた病気である癲癇《てんかん》状の発作にジェニーはしばしば見舞われたのです。そこでジェニーへの手紙にはモリスの溢れんばかりの愛情が漲っています。ですからそんなジェニーを伴って、自然の中を散歩することはモリスにとっての限りない喜びだったのです。

ファーリンドン伯の広大な邸宅、バスコット・パークは森を切り開いたところに建てられた新古典様式の建物です。木々を背景に、広い池をしつらえたイタリア式の庭園があり、ファーリンドン・コレクションとして絵画や陶磁器など多くの美術品が展示されていますが、バーン＝ジョウンズらの作品も数々入っています。モリスもバーン＝ジョウンズもファーリンドン伯と親しく、村のセント・メアリー教会にはバーン＝ジョウンズの「よき羊飼い」をはじめとする、モリス商会のステンドグラスも数枚あります。

バスコット村は典型的な、コッツウォルズの村の特徴を備えたちいさな、かわいい村です。モリスはこの村で労働者のためになんどか講演をしています。かつてはブランディーに混ぜるためのサトウキビを加工していた工場や、製紙工場などがあったので、かなり賑わいのあった村なのでしょう。チェルトナムからの乗合馬車の停留所も残っていて、人々の往来と労働の場、そして住宅などのすべてを備えたいきいきとした村であったことが偲ばれます。

しかし今では工場もなく、村もバスコット・パークの大邸宅もすべてザ・ナショナル・トラストの管轄下にあって、村は死んだようです。乗合馬車の停留所は立派な建物で、待合所も広く取られていますが、しかし時折老人が腰をおろして日向ぼっこをしていても、バスが停まることはないのです。お茶や簡単な食事の出来る小さな店が一軒ありますが、観光地でもなく、バスも通わない村はひっそりとしています。モリスが労働者を前にして講演を行なっていた時代は、なんと活気があってよかったことでしょう。中世そのままにタイム・トンネルをスリップしてきた村は抒情があってうつくしいかも知れませんが、侘しさがふと身にしみることがよくあります。

ある朝湿地帯をつたって川を遡ってきたとき、つばめが激しくさえずる声を耳にしました。見上げると鷹が一羽かぜに舞っているのが見えました。つばめは群になって鷹のそばにいます。やがて二、三羽のつばめが群をはなれて鷹を取り囲みはじめました。ついで、そのなかの一羽がまっすぐ鷹めがけて舞いおりて、鷹に一撃を食らわしたのです（食らわしたように見えました）。鷹はしばらく考え、やがて翼を傾け、稲光のようにかぜに乗り、つぎの瞬間イートン・ヘイスティングスの上空を舞っていました。

重要な交易地ファーリンドンの町を中心に、ケルムスコット村、バスコット村、グレートとリトルのふたつのコックスウェル村、さらにイートン・ヘイスティングス村など多くの村落が集まっているこの地域は、かつては羊毛業の他に、農業に従事する者たちも少なくはありませんでした。ケルムスコット村の農夫たちが、収穫した麦を運ぶ様子を窓から眺め、その光景にモリスは大喜びしています。しかし現実にどの時代も農業労働者の生活は容易ではなく、イングランドでは農奴制がとうの昔に消滅したとはいえ、彼らの生活は悲惨なものでした。たびたび取り上げる「楡の木の下で」というエッセイの中で、この地域の自然のうつくしさとは逆に、目を背けたくなるような人間の醜い姿についてモリスは怒りをもって語っています。『ユートピアだより』もモリスの時代、十九世紀の農夫たちが悲惨な奴隷状態であるのを見て書かれた未来の理想郷の話です。しかしそんな悲惨さは農業に関しては中世からずっと続いていたのです。

モリスが川辺の道を通ってこれらの村々を訪れたように、ゆっくりと村を廻ってみると現在の人口の少なさに驚きます。イートン・ヘイスティングスは村がふたつに分かれています。モリス商会によるバーン＝ジョウンズのステンドグラスが二枚納められている、セント・マイケルズ教会の傍には数軒の家しかありません。そこからずっと離れた所に少し家があり、村は続いているのですが、村の中心となるものもなく、川岸には焼け落ちたパブが一軒哀れな姿で残っているのみです。一九八〇年に三人の死傷者をだして焼けたアンカーズ・インですが、現在の所有者ザ・ナショナル・トラストはその地域を自然にまかせる方針で、再建していません。人口の少ない村で、パブの再建など考えられないのも事実です。この辺り一帯が現在ではザ・ナショナル・トラストの所有地であるという事実はどう解釈したらよいのでしょうか。

数年前口蹄疫《こうていえき》が発生したとき、一番被害の大きかったのは湖水地方とこのコッツウォルズ地方でした。湖水地方では多くの農家が土地を手放しました。トラストはそれらを買い上げました。この地域でもそうだったのでしょうか。ともかく自然景観や自然環境を守るという意味ではトラストの所有になるのは良いことです。しかしそれによってすべての問題が解決する訳ではありません。

口蹄疫発生の結果としての土地の譲渡のように、トラストの所有になる以前に、人口減少などにより村の維持が難かしくなり、深刻な社会的問題となっている場合が多くあります。しかし個人の生活を考えて、土地を維持してゆくことがむずかしくなった人々からトラストが土地を買い上げるとなると、その場所からいきいきとした生活と労働が失われ、さらに村として、或いは町として機能しなくなってしまうということにもなるのです。

もちろんそうでない場合もあります。ウェールズの海岸線保護地区となっているガウアー半島では、伝統的な農法を守るため、近隣の農家に畑を任せています。それはその地域の文化を守るためにも、また収入のためにも、トラストと農民の双方にとって良いことです、とトラスト職員が語ってくれたことがありました。縄を流したような石垣に囲まれたうつくしい畑が、波の音に包まれてその半島の上に広がっていました。しかしそういう場所はどちらかと言うと例外的なものだと思えます。「自然は人類との接触によってよくなりこそすれ、悪くなることはありません」とモリスは書きました。人間とその生活の場が消えて、自然だけになった場所にモリスは異議を唱えるでしょう。

ザ・ナショナル・トラストの前身である、カール協会設立に協力したのもモリスたちでした。エッピングの森が宅地造成のために伐採されている、という情報を得たとき、モリスはフィリップ・ウェッブをはじめとした仲間たちと共に大急ぎで駆けつけました。モリス最晩年の、死の前年のことです。彼らは伐採がそれ程ひどいことにはなっていないのを見て安堵しました。イートン・ヘイスティングスの柳の話からも分るように、木を一本切り倒しても怒ったモリスですが、森の木を守る、ということと、生活の場としての村や町の活気がなくなるというのは、問題が少し違います。国民の財産として、次世代のために自然と景観、および伝統的建造物などを守るザ・ナショナル・トラストの設立はおおいに意義あることでした。問題は産業が衰えることにより、過疎化して、さらに人口が減っていくということなのです。

この人口の減少はなんと中世にまで遡るようです。ペスト、いわゆる黒死病により一三四九年までにイングランドの人口は三分の一まで減ったそうです。ペストの蔓延に拍車をかけたのは、一三一五―二五年の気候不順による作物の不作で、栄養状態がひどく悪く、一気に病気は拡がりました。動物も侵され、一三一七年の羊についで一三一九年には牛の病気という具合に、つぎつぎと厄病に見舞われていったのです。

再びペストに見舞われたのは一六六五年で、ロンドンの大疫病と呼ばれているものですが、地方にも蔓延し、この地域も例外ではなかったといいます。モンゴル辺りのアジアで発生し、ヨーロッパ大陸に甚大な被害をもたらした黒死病が、この地域をも襲って人口の減少をもたらしたという事実に、あらためて英国がヨーロッパの一部であることに実感しました。というのも、ヨーロッパの一部であるという意識があっても、ともすれば独自の行動を英国は取りがちでありますから。ともかくそれにしても、それ以後人口が回復していないというのはなぜなのでしょう。

近代に移る中で、家内工業から工場生産へと移行した産業形態の変化に伴って、都市化現象が進み、土地を離れた人が多くいた、というのは事実です。その結果、農村人口が減少した、というのはこの地方だけに限りません。産業革命の進展に伴って英国全土で農村部と都市部の分離がはじまったのです。そうせざるを得なくなった状況に拍車をかけたのが土地の囲い込み運動です。

羊の飼育と家内産業としての織物業がこの地域の主だった産業でしたから、農業と家内産業の共存ができたはずでした。しかし土地所有者は共有地も囲い込んで、羊を飼育したほうが儲かるので、耕地が自己所有でない農民たちは村での生活が維持できなくなったのです。国も工場製品を輸出することにより、海外から安い食料品を輸入しましたので、農業の必要が減少したのです。産業革命と同時におきた農業改革と呼ばれる目先の利益に惑わされた、忌むべき社会現象が、拍車をかけるように農業従事者を都市へと追い立てたのです。「イングランドの田舎には緑の美しい自然がまだ残されているのだが、崩壊の手がその上にのせられている」と警鐘を鳴らしたモリスの言葉は、羊毛業も衰退し、人口もさらに少なくなったいま、この地域においてさらに声を大にしなければならないのかも知れません。

それとも社会構造そのものが変化してしまい、昔のようなさまざまな職業に従事する人々の生活の場としての村は、いまでは存在そのものがむずかしくなっているのかも知れません。弁護士、医者、大学教師、公認会計士、株式仲買人などの住む、「金持ち村」と呼ばれる、ミルトン村は大小ふたつの区域から成り、社会的に裕福な人の層で村が構成されています。この地域にあった伝統産業や工芸技術が失われ、村人の姿もすっかり変ってしまっているオックスフォードシャーの村を見れば、アーツ・アンド・クラフツの父としてモリスはひどく悲しむに違いありません。この地域の村は一部、藁葺き屋根にあこがれる、裕福な人々のベッドタウン化しているという事実も否定できないのです。英国は基本的に車社会ですから、さまざまな職業が村から失われていっても、ベッドタウン化という意味で村の変化はとても早いようです。

口蹄疫が蔓延したとき、観光業だけに頼る地域は観光客が来なくなって大慌てでした。その代表が湖水地方とコッツウォルズであった、ということは先に書きました。そこから学ぶ多くのことがありそうです。たしかにモリスはこの地域の自然のうつくしさとゆたかな歴史を限りなく尊んだのですが、人間が少なくなって、うつくしい自然さえもいま危ないということと、村がかつての村ではなくなっているということについてどう思うでしょうか。いま英国はアーツ・アンド・クラフツの精神について見直しをはじめたといいますが、伝統文化と村という観点からはどう考えるべきでしょうか。

モリスの郷、コッツウォルズ周辺は、モリスの少し前の時代から北の工業都市、マンチェスターやバーミンガムに押されて、衰退がはじまっていたことは事実です。しかしモリスが愛した灰色の村々は一八八〇年頃までは織物などの家内工業や牧畜業、そして農業などに携わる人々で、少なくともいまよりは活気に満ちていた所でした。列車や乗合馬車が定期的に運行されていて、現在のような村全体が「博物館」のようなところではなかったのです。

人々がいきいきとさまざまな職業に従事しながら日々の生活を営んでいる村こそ、モリスがうつくしいと思ったところです。「産業革命からとりのこされた村々」というのが逆に、現在ではコッツウォルズの売り物みたいに言われたりしていますが、最後の章で触れるように、コッツウォルズにはすぐれた伝統工芸が存在していました。英国史の揺籃の地で、アルフレッドの宝飾品やミンスター・ラベルの飾り物の郷であるコッツウォルズの地域は、「白馬の谷」の章でも触れたように、イングランドの工芸品の最初の誕生地なのです。

川岸に立つバスコット村の教会、セント・メアリーをとおり越し、さらにテムズ川を遡ると、一九五〇年代まで鉄道のあったレッチレイドにでます。町名は地方によってはレッチとも発音されるリーチ川と、テムズ川の合流地点であることからレッチレイドと命名されました。かつては羊毛、チーズ、石などを運ぶ船の港町として賑わった町です。ハイ・ストリートが大きくうねるコの字型の町並みをもつコッツウォルズ・ストーンの町で、現在では川くだりの観光船があるため、ファーリンドンよりもずっと賑わいのある町です。

川岸に立つ教会は大きく立派な教会で、その辺りの家並みはどの筋を入ってもバーフォードのように、かつての賑わいを偲ばせる裕福な家々が端正に立ち並んでいます。ケルムスコット村から一番近い鉄道の駅があった町でもあります。鉄道のない現在でも夏は川辺がとても賑やかです。ハイ・ストリートから川に向かって道を折れ、橋を渡るとそこはウィルトシャーです。その橋のたもとからみると、通りからは入り口付近しか見えなかった教会が、ゆったりとした姿を水面に映し出しています。大きく優雅な姿です。かつてレッチレイドの町がいかに裕福な町で、芸術家たちをも魅了したところであったかを、現在でもその優美な姿が語り続けています。

そんな教会を背にして、モリスが設立した古建築物保護協会を通して修復したイングルシャムのアングロ＝サクソン教会を見にゆきました。道の両脇は畑で、歩道のない通りを歩くのは危険でしたが、タクシーが見つからず、歩いても十五分くらいです、と町の人が教えてくれましたので歩くことにしました。しかし大きなトラックのような車が来ると立ち止まり、じっと行過ぎるのを待つという結果になってしまいました。それでも苦労しただけあって、今まで見たことのないような、内部が非常に変っている教会を見ることが出来ました。

重い木の扉を押し開け中に入ると、真っ暗です。入り口付近はイングランド初期の建築様式と呼ばれる、十一世紀頃の建造であるリンディスファーン島の教会に雰囲気がそっくりです。真っ暗ですから、扉を少し開けたままにしておかなければいけません。さらにもう一枚の木の扉を押し開けると、いままで一度もみたことのないような光景が展開しました。彩色されていたことが分る壁。内陣はボックス席になっていて、至るところに彫刻が施されています。家族が揃って礼拝にあずかれるようにボックスになっているのですが、十八世紀頃にはよく見かけられた構造だそうです。

長い年月を経て、半分摩滅したような母子像が石の壁に浮かび上がっています。ブラッドフォード＝オン＝エイヴォンのアングロ＝サクソン教会もそうでしたが、壁一面に絵が描かれていた様子がはっきりと分り、民衆が読み書きできなかった時代の信仰のあり方がよく伝わってきます。しかしこのイングルシャム教会は、文字も壁面に残っています。「主の祈り」などの祈禱文です。この壁面は長い時代の中で、塗ってはまた塗り返され、何層にもなっているようです。文字を読める人がほとんどいなかった時代から、識字率の上がっていった時代への、教会の変遷が壁の上によく見ることができます。アングロ＝サクソン時代に端を発する教会としてはもっともよく保存されているとのことですから、モリスはこの建物を古建築物保護協会を通して、私費を投じて修復したのです。内陣の高さや石壁の母子像から、この教会が後期アングロ＝サクソン時代のものであることは事実とのことですが、ブラッドフォード＝オン＝エイヴォンの教会に比べると、外見的にはそれほど古い素朴なアングロ＝サクソンの建物とは思えないかもしれません。「ダブル・コット」といって、小さな鐘がふたつ並んで屋根に下がっている、ずっと後の時代の建築様式だからです。

教会の周りに数軒の家があります。車道から少し入ったところですが、辺りは一面畑です。教会があるところが村の中心ですから、このあたりがそうなのですが、ここもイートン・ヘイスティングス村のように、僅かしか家がなく、しかも分散しているようです。モリスの時代に描かれた、「イングルシャムのまるい家」と題された一枚の風景画をみると、川にはちいさな石橋が架かり、その前面に円筒形の部分をもつ一軒の家と木の橋が描かれています。家の後ろにも、また石橋の辺りにもポプラの木が天を仰いで立っています。木の橋の上には労働者がふたり、なにかの作業に追われているようです。川辺をつたって来るとかつてはこんな光景に出会えたようです。

おわりに

モリスを慕った芸術家たち

コッツウォルズとアーツ・アンド・クラフツ運動

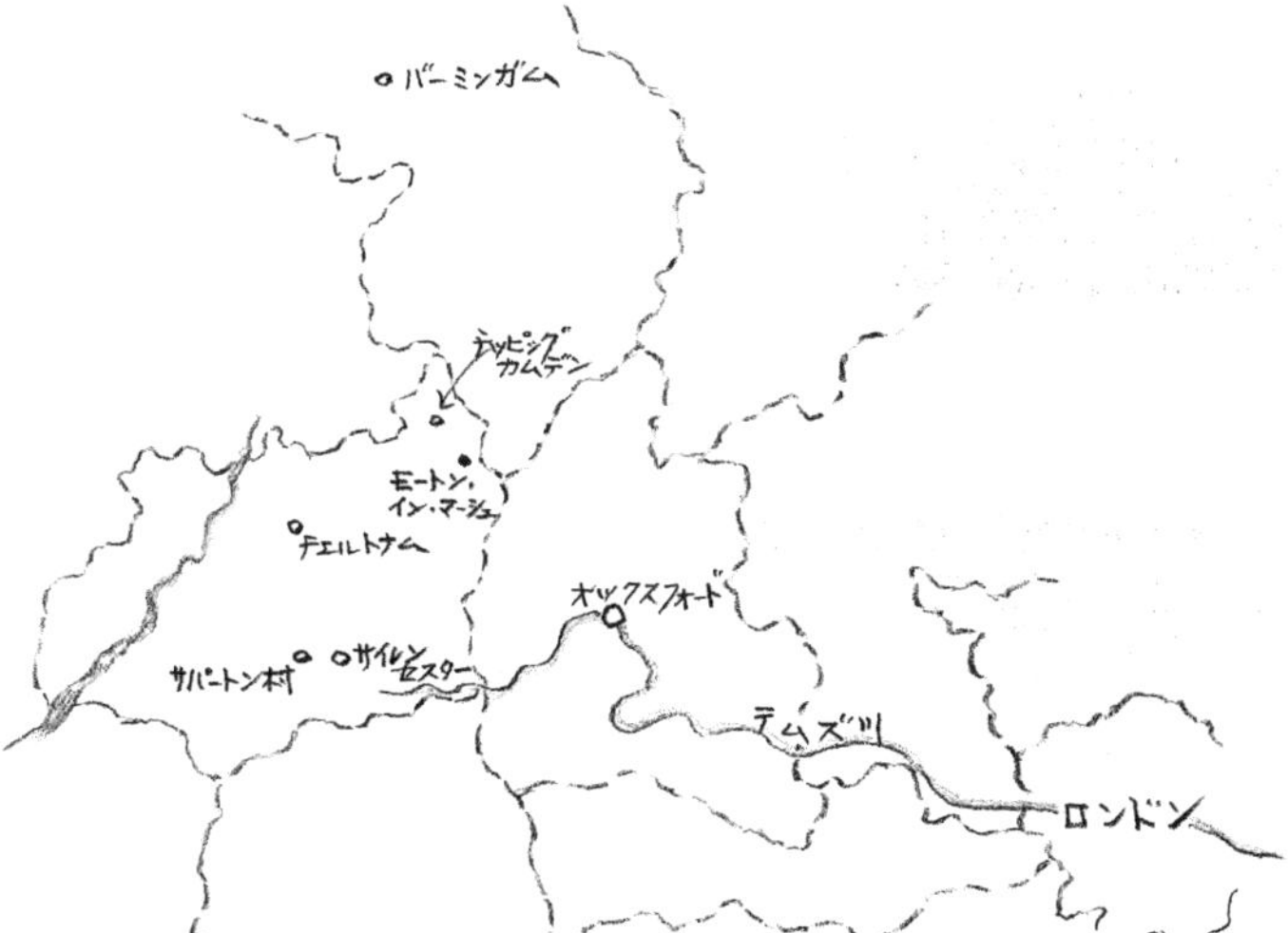

ロンドンよりずっと北に位置するコッツウォルズを寒い二月に訪れるのは、ふさわしくないのではないかと思っていました。しかし、アーツ・アンド・クラフツ運動と、コッツウォルズにおけるその後の展開を知りたいと思っていましたし、時間の都合もあって、ついに意を決し、二月にチッピング・カムデンとサパートン村を訪れてみました。

チッピング・カムデンはチャールズ・R・アシュビー（一八六三―一九四二）がロンドンから連れていった約一五〇人の職人と共に、ハンディクラフト・ギルドを創設し、工芸品の制作をはじめた場所でした。そこはアシュビーの提唱する「簡素な生活」をモットーに、社会主義的思想に基づく、装飾芸術を媒介とした理想的共同体の実現の場であったともいえます。ラスキンやモリスから大きな影響を受けたアシュビーでしたが、テムズ川上流の町で、うつくしい装身具を自ら生み出して、仲間と共に労働を喜びとし、階級のない社会をうみだそうとした点など、モリスの『ユートピアだより』の具現者のような人です。

一方、サパートン村は、建築や家具製作で活躍し、モリスの「簡素なうつくしさ」の精神を家造りや家具制作に生かし切ったアーネスト・ギムソン（一八六四―一九一九）と、アーネスト・バーンズリー（一八六三―一九二六）と弟のシドニー・バーンズリー（一八六五―一九

二六）たちが移り住んだ村です。サイレンセスターから車で十五分くらいの近郊の村です。ギムソンは一八八四年にモリスの講演を聴き、モリスの助言に従ってロンドンで、建築家としての修業をしました。そういった意味ではモリスの直弟子であったと言えるでしょう。

チッピング・カムデンはコッツウォルズの町や村のなかでも、現在ではもっとも有名なところですから、いまさら書くまでもないのですが、吹き抜けの柱と屋根だけのマーケット・プレイスを残す典型的なコッツウォルズの町です。

アシュビーが職人と共にロンドンから移住したのは一九〇二年で、当時は活気が全くない村でした。というのも、前章でなんども触れましたように、羊毛取引で賑わったコッツウォルズは十九世紀に衰退し、チッピング・カムデンの絹織物業も活気を失っていました。その後、農業に依存するようになったものの、一八七〇年代に安い輸入食品に押され、土地はさらに打撃をこうむり、さらに人口が手の施しようのないほど減少しました。その結果、マンチェスターやバーミンガムなどの、北部の工業地帯に出現してきた裕福な人々が委託をうけ、コッツウォルズの家や教会の維持に係るようになったのです。

家は不動産業者を通して貸し出されました。ケルムスコット・マナーを田舎の家として一八七一年に借りたモリスは、そのような社会変化の中で、コッツウォルズに移り住んだ最初の人だったと言えるようです。

アシュビーがロンドンの職人たちとともにチッピング・カムデンに移り住んだ頃の状況

はまだモリスの時代とほぼ同じでしたから、空家も多く、村には活気がなかったというのもそういう事情からでした。ロンドンのブルームズベリーで裕福なユダヤ人の子として育ち、ケンブリッジ大学を卒業したアシュビーは階級なき社会を夢想していました。そこで労働者階層と直接触れ合うために、ロンドンの下町、イースト・エンドにあるトインビー・ホールで活動をはじめました。

イースト・エンドは十九世紀後半から現在に至るまで最下層の労働者の町です。ロンドンは何世紀にもわたって拡大を続け、現在のような大都市になりました。その結果、ロンドン子は住宅を郊外へ、郊外へと広げてゆきましたが、このイースト・エンド界隈は十八世紀にはまだ緑滴る田園の面影を残した土地でした。やがてこの地域も宅地化され、人口が流入すると同時に、商人や職人たちも集まってきました。職人組合の規制を受けることなく活動できる、自由な地域だったのです。敷物、果物や野菜、穀物などの市場が活気を呈しただけではなく、テムズの河口でもあるため、造船業に係る人々の町でもありました。

造船業は十五世紀ころからはじまり、十八世紀を経て十九世紀前半にはその最盛期を迎えました。それに伴って、ビール醸造業、織物業、マッチ製造業、ロープ製造業なども発展し、その結果、人口の激増をともなって、田園の面影などはすっかり消えました。鉄道も一八四〇年に開通しましたが、造船業は衰退をはじめ、失業問題が大きな社会問題へと発展してゆきました。都市化という、急激な人口増加は環境を悪化させ、人間の心をも蝕んでいったのです。やがてこの地域は治安がもっとも悪い場所へと変り、貧困と犯罪の巣窟のように世間一般の人々に思われるようになってしまいました。

イースト・エンドと貧困との関係はロンドン市の拡大と、テムズ川の造船業などとの関係だけではなく、移民問題との関係からも考えなければならない側面をもっています。一六八五年に教義の相違からフランスを追い出されたキリスト教の一派、ユグノー派の絹織物業の人々がこの地域に移民してきました。その二世紀後にはロシアやポーランドから多くのユダヤ人が移民してきて、ユダヤ人街と化したのです。現在この地域の住民の多くはバングラデシュの人々です。地下鉄ホワイト・チャペル駅の階段を上がり、一歩地上に足を運ぶと、路上の露天で売られている商品も、また通りの両側に軒を連ねる店舗の商品もサリーやベールなど、アジアや中近東に足を踏み込んだかと思うほど、英国とは思えない様相を呈しています。回教寺院、モスクも見えます。

トインビー・ホールはそんな失業と移民による、犯罪と貧困の中で一八八四年に建てられた施設です。その十年程前の一八七三年に英国聖公会の牧師夫妻、サミュエルとヘンリエッタ・バネットの二人が最悪の地を選んで、赴任してきたことに端を発します。二人はこの地域を変える手段として、オックスフォードとケンブリッジの両大学に学生を送るよう要請しました。その要請は快く受け入れられ、学生たちが住み込んで奉仕活動をするためのセツルメントとなりました。そのうちの一人がのちに経済学者として有名になるアーノルド・トインビー（一八五二―一八八三）で、その没後、彼の寄付によって一八八四年に建物が建ち、地域活動のために一般の人々にオープンされたのです。

さらにバネット夫妻は貧しい人々が芸術作品に触れることが出来るようにと、一九〇一年にホワイトチャペル・アート・ミュージアムをトインビー・ホールに隣接して建てました。現在ミュージアムもトインビー・ホールの中のカフェテリアも若い人々で一杯で、若者の熱気でいきいきとした場となっています。貧民、とりわけ老人たちのための朝食会や車の送迎などをはじめ、若者を取り込んで奉仕活動も活発に行なわれています。

チャールズ・アシュビーはケンブリッジ大学の名門、キングズ・コレッジを一八八六年に出るとすぐ、トインビー・ホールに移ってきました。彼はそこで労働者のためのジョン・ラスキンの読書会を設けました。やがて一八八八年に家具職人や金属工芸職人らと共にトインビー・ホールのすぐ傍で「ハンディクラフト・ギルド&スクール」を発足させ、さらに一八九一年には技術をもった職人たちの住むマイル・エンドへと移りました。アシュビーのデザインで造りだされた手工芸品はおおきな評価を受けて広く受け入れられ、グループの名声は確立しました。マイル・エンドでの家屋の契約切れを機に、アシュビーはコッツウォルズに空家を探し、ロンドンからの大移動を決意したのです。

百五十人程の大都会の職人が、一千五百人位しか住人のいない田舎の町へと移住することは、移住する側も、受け入れる側も、いずれにとっても多大な変化です。おおきな精神的圧力もあった筈です。その結果、無理を押して、運動としてのアーツ・アンド・クラフツを推し進めたアシュビーを非難する声もあります。実質的には六年しかもたなかったからです。都会に暮らしていた者たちが田舎で暮らせるはずがない、というのが最大の非難のひとつです。一九〇八年を境にロンドンに戻る者も多く出ました。表面的には確かに短い命だったと言わざるを得ません。しかしアシュビーをはじめ、その地に残り、土地の発展のための教育活動や町の助言者として活動を続けた者たちもいたのです。一九〇四年に設立された「カムデン・スクール・オブ・アーツ・アンド・クラフツ」はギルドが一九一九年に最後の締めくくりをするまで続けられ、その土地にとっては大きな貢献でした。アーツ・アンド・クラフツの精神のおかげで村もそのまま残りました。

アシュビーが目指していたものはモリスと同じく「労働の喜びとうつくしい手作りの作品」でした。モリスはケルムスコット・マナーでは仕事から解放され、野原や丘、川や古い歴史的環境を心ゆくまで楽しみました。良い仕事をするのにゆったりとした自然と良い伝統が必要なのは当然です。モリスにせよ、アシュビーにせよ、彼らの時代のロンドンがいかにおぞましい所であったかを考えれば、アシュビーが決意した大移動は当然であった筈です。ロンドンにいた頃から、歌の会、演劇、フットボール、さらに田舎への遠出など、さまざまなレジャー活動をおこなって、共に働く喜びと同時に、ゆとりのある生活の楽しみをアシュビーは労働者に教えようとしたのです。一九〇二年にチッピング・カムデンに移り住んでからは、フォークソングやダンス、水泳など仕事と同時に生活を楽しむことにさらに力を入れました。

アシュビーの計画がうまくいかなかったのは共同体としての性格が強すぎた、というのも事実でしょうが、彼らの作り出すうつくしい手作りの作品が、安価な工場生産品に勝てなかっただけのことでしょう。アシュビーをはじめ、ロンドンに戻らずにこの地に残った者たちもかなりいた、という事実と、現在コッツウォルズがアーツ・アンド・クラフツのセンターとなっている事からも、都会の人間たちは田舎には住めない、という批判がいかに的外れなものであるかが分ります。アシュビーたちは土地の人々と交流を密接に行ない、いつまでもよそ者ではなかったからです。

また、コッツウォルズが作品制作の面で相応しい場所としてなぜ選ばれたか、という点も重要です。コッツウォルズの産業が衰退しても、古くから羊毛業で栄えてきたこの地域には裕福な大地主が数多く存在し、村や町が変化することを嫌いました。そこで伝統的な家屋や古くからある物づくりの高い技術もそのまま残ったのです。うつくしい自然だけではなく、味わいのある民家や、アルフレッドやミンスター・ラベルの宝飾品をうみだした地域から得られるものも多かったのです。アシュビーはモリスのようにこの地域を終《つい》の棲《すみ》家《か》とはしませんでしたが、一九一九年のギルド解散後も町の顧問役となり、伝統工芸の復活とアーツ・アンド・クラフツの精神に基づいて町並みの保存に力を入れました。その結果、チッピング・カムデンはコッツウォルズを代表する町として、うつくしいまま現在に至っています。

アシュビーと共にやって来て、ギルド職人として手工芸の技をその土地で維持してきた人々のうちの一人が、いまでも昔ながらの工房で仕事を続けています。金銀細工商の「ハーツ」です。

図書館に立ち寄ってアーツ・アンド・クラフツのその後について話を聞くと、「ハーツ」はそこからすぐの所であることが分りました。教えられたとおりに、ハイ・ストリートを下り、銀細工商の「ウェルチ」の洗練されたショウ・ウインドウに心惹かれながら道を折れ、シープ・ストリートを進みました。まもなく「ハンディ・クラフト」の看板と矢印の書かれたレンガの建物の前にでました。その路地の後ろに「ハーツ」とあります。ジョージ・ハートが築いた工房です。アシュビーとともに一九〇二年にロンドンからやってきて、おなじ場所で四代にわたって手作りの金銀製品を作り続けています。日用品のナイフやフォークをはじめとして、教会用品などの制作は百年前と何ひとつ変っていません。入り口を入るとそこにはアシュビーの巨大な写真が壁一面に掲げてあります。階段を上がると、そこが工房です。

薄暗い工房で入り口に背中を向けて、電灯の下で仕事をしている人影がふたつありました。工房の壁一面に道具が下がっています。主に鑿《のみ》類です。小柄な青年が笑みをたたえて

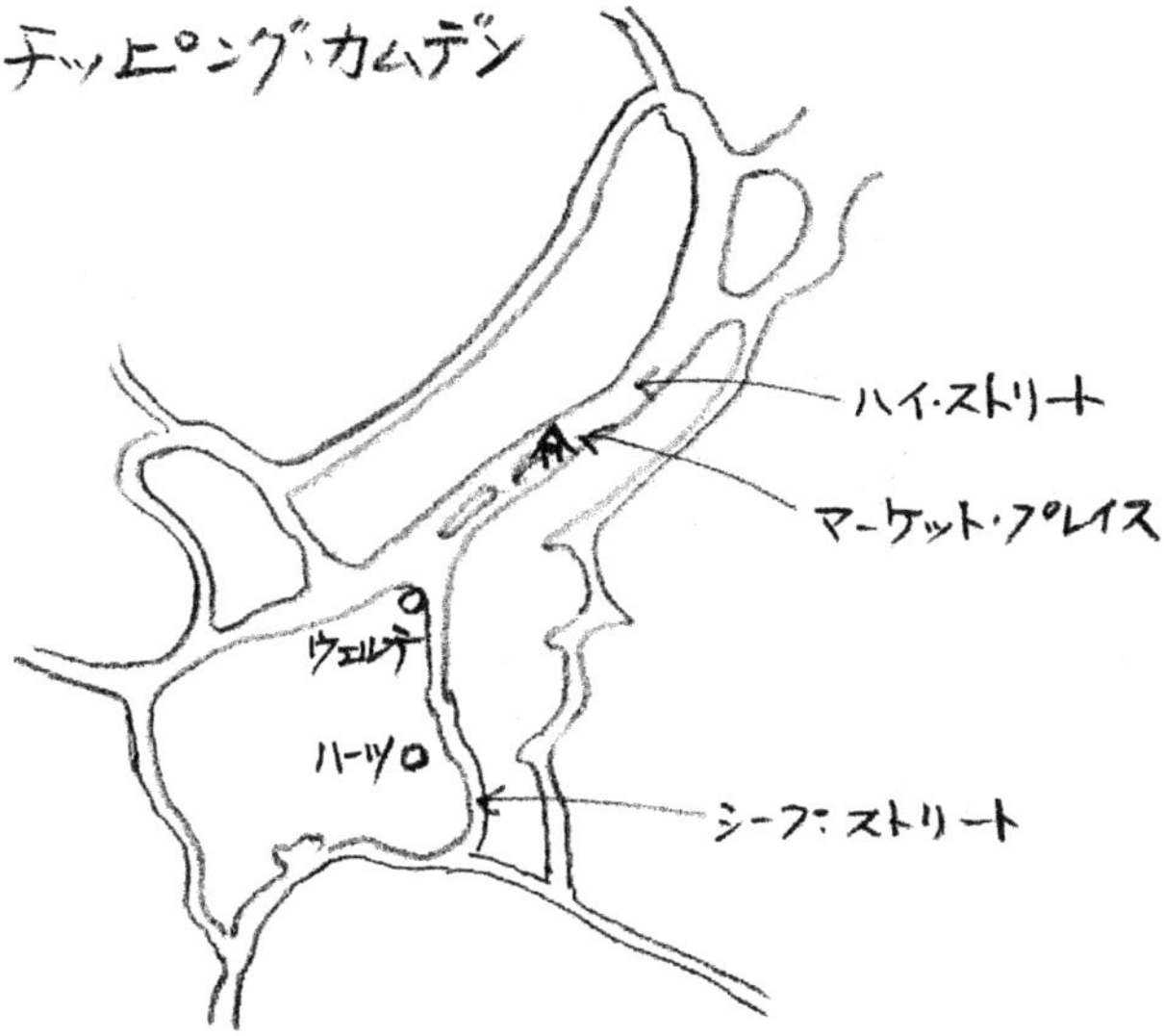
チッピング・カムデン
ハイ・ストリート
マーケット・プレイス
ウェルチ
ハーツ
シープ・ストリート

現れました。「僕が四代目のジュリアン・ハートです」といって挨拶されました。続いて、少し猫背の中年の男性が、メガネの奥の穏やかな目をさらに細めて、陽気な声で「私が父親です」と言いました。「さー、何でも聞いてください。ここにあるものは何でもお見せしますよ」と言いながら事務所に招き入れ、顧客のサイン帖を開いて、一九〇二年からのものです、と説明してくれました。アシュビーの著書『素朴な生活』やデザイン集も開いてみせ、「道具類はすべてアシュビーが使っていたものばかりです」、と語ってくれました。

当時は十七人職人がいたようですが、現在では四人だけだそうです。工房の奥で暖炉が赤々と燃えています。コッツウォルズのアーツ・アンド・クラフツの現状と、アシュビーたちの影響について伺うと、「影響とは言えないかもしれませんが、ある日アシュビーが家探しにやって来て、仕事をするには最適な場所だ、と思ったように、みな誰しもそう思ってやって来たのだと思います」との返事でした。「車で行けば、ロンドンも、工業都市のバーミンガムもそれ程遠くないので、仕事をするにはいい場所です」と誠実そうな、素朴な青年は付け加えました。

チッピング・カムデンにはこの店の他、アシュビーの直系は残っていないにせよ、モリスに影響を受け、その後に続いた工芸家や建築家がいて、いまのアーツ・アンド・クラフツの中心地としてのコッツウォルズがあるのです。よい仕事をするためには、うつくしい自然が必要と考え、それと同時に歴史に宿る伝統をインスピレーションの源泉と捉えた

「ハーツ」の入り口を入ると、アシュビーの
巨大な写真が掲げられている。

人々の「存在の確かさ」にこころ打たれる思いでした。晴れやかな気持ちで「ハーツ」を出て、バス停に向かいました。帰りはバスで帰ろうと思ったからです。

実は今回の旅はコッツウォルズへの一般観光客がするように、チェルトナムに宿泊して、観光客の思いを共有してみようと思ったのです。そこからコッツウォルズの各方面にバスが出ているとの事ですので、そこを拠点としてバスを乗り継ぎ、目的地へゆくことにしました。

チェルトナムは十八世紀に鉱泉療養の保養地として栄えましたので、いまだに大きな町です。その後はインド統治に関係した裕福な人々が大きな家を建てましたから、一見立派な町です。コッツウォルズの首都と町の人々は自称しているのですが、ひとめ見れば分るように、レンガ造りの建物を漆喰で白く塗った町で、コッツウォルズの面影はどこにもありません。やはりコッツウォルズの首都はなんといってもサイレンセスターです。ただ現在もチェルトナムには政府の情報局があったり、航空機の製造工場があり、細々ながらも製造が続けられていたり、さらにこのところはIT関連のビジネスが好調との事で、町は賑わっています。政府関係の機関があるということなどが幸いしてでしょう、列車が通う町として、それほど廃れはしなかったというのが現状です。そこでこの町がコッツウォルズ巡りの拠点となるのは致し方ないとしても、コッツウォルズの首都などでは絶対にありません。それはともかく、宿をこの町に取ることにしました。

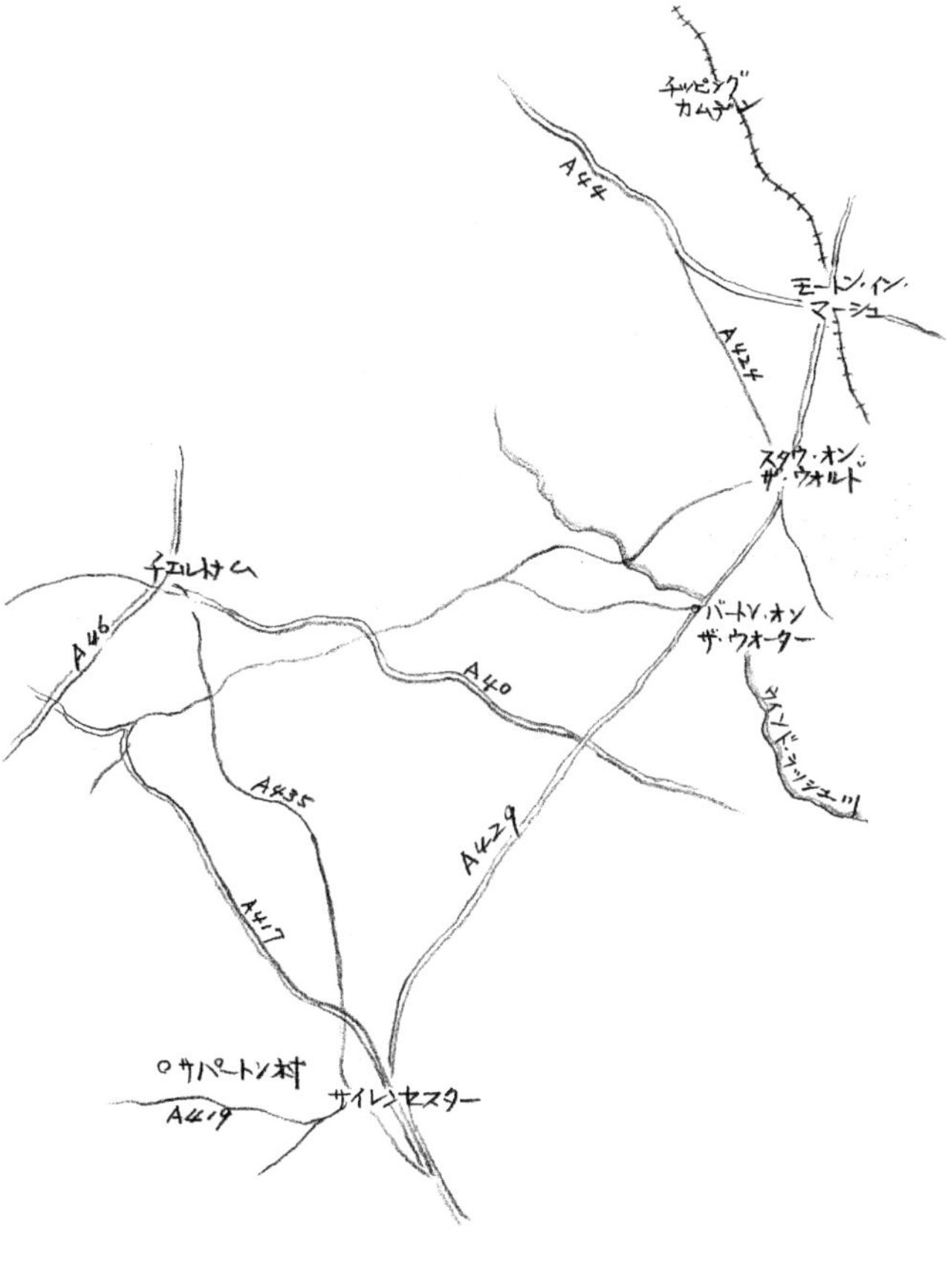
チッピング
カムデン
A44
モートン・イン・
マーシュ
A424
スタウ・オン・
ザ・ウォルド
チェルトナム
A46
バートン・オン
ザ・ウォーター
A40
ウィンドラッシュ川
A435
A429
A417
サパートン村
サイレンセスター
A419

ツーリスト・インフォーメイション・センターで教わったとおり、バスでモートン・イン・マーシュまでゆき、さらにバスを乗り継いでチッピング・カムデンへと向かう予定でしたが、バス乗場がなかなか見つかりませんでした。さらに本数が少ない、ということもあり、日帰り出来るのかとても不安でしたので、行きはタクシーにしました。

タクシーを飛ばしてもかなりの道のりです。ブロードウェイ村の辺りをとおり越し、車は走り続け、ようやく高い丘のうえに出ると、視界は急に開け、眼下に町が広がっています。コッツウォルズ特有の、落ちつきのあるうつくしい色合いの町が、谷あい一面に深々と広がっている端正な眺めを目にしたとき、こころはすっかり晴れやかになりました。しかしマーケット・プレイスでタクシーを降り、ツーリスト・インフォーメイション・センターを探したものの、地図を売ること以外、何も知らなそうな受付嬢を相手にしている暇はなく、図書館へ向かったのですが、チッピング・カムデンへの旅の出だしはそれ程幸運なものではなかった、と言えます。しかし帰途は晴れ晴れとした気分になり、訪れてよかったとつくづく思える旅でした。

帰りは、チッピング・カムデンを出て、モートン・イン・マーシュでバスを乗りかえると、そのバスはスタウ・オン・ザ・ウォルドをとおり、ウィンドラッシュ川が町なかを流れる絵のようなバートン・オン・ザ・ウォーターの町に入りました。思いもかけずコッツウォルズ巡りをしているようなバスで、比較的簡単にチェルトナムへ戻れたのです。朝のバス停での混乱が嘘のようでした。

チェルトナムの町は入り組んでいて、各方面に向かうバス停がいたるところにあります。モートン・イン・マーシュ行きのバスはバス会社の人たちもよく知らず、広い町を右往左往した挙句、タクシーにしたのです。夏場ならばもう少し案内も確かなものであったかも知りません。

サパートン村への道のりはもっと悲惨なものでした。ツーリスト・インフォーメイション・センターの人々はサパートン村への道を探すのに一苦労した結果、タクシーしかないと結論しました。サイレンセスターに行く途中の村であることは分るのですが、サイレンセスターまで行って乗りかえると時間が大変かかると言うのです。そこでタクシーに乗ったのですが、運転手も聞いたことのない村で、ひとつ道を間違えたために、延々と走る羽目になりました。サイレンセスターから車で十五分ほどの村なのですが、誰も知らない小さな村で、村への入り口を探すのにも一苦労しました。

ようやく村への入り口を探し出し、村へ入るとパブ「ベル」の大きな建物が視界をふさいでいました。中は改装されて、大変しゃれたパブ・レストランになっています。食通の人ならばこの村を知っている、というのが「ベル」の主の自慢でした。表にはいまだに馬をつなげる車寄せがあり、昔のままの小さな村です。

「ベル」を出て、郵便局やヴィレッジ・ホールをとおり越して、なだらかな坂道を下ると、すぐに教会の前に出ました。ギムソンやバーンズリー兄弟全員が埋葬されているセント・ケネルム教会です。その教会の近くに村の所有者であるバーサースト卿から三人は家を建てる土地を与えられました。教会に隣接してアーネスト・バーンズリーの「アッパー・ドーヴェル・ハウス」、さらに下った地点にシドニー・バーンズリーの「ビーチェインジャー」とアーネスト・ギムソンの「ザ・リーソーズ」が建っています。「アッパー・ドーヴェル・ハウス」は補修中でしたが、大きな家で、四角に刈り込んだ、高い生垣が整然と並んでいます。しかし当時の写真では素朴な木の柵と数本の木が植えられているだけですから、刈り込んだ生垣は後世の所産でしょう。入り口付近の大きな木の下に水仙とスノー・ドロップスの白と黄が風に揺れていて、春の訪れを告げていました。そこは教会の敷地の一部かも知れません。

教会の前の道に戻り、シドニーやギムソンの家とは反対の道に出てみました。道はさらに下り坂で、数軒家が建っていますが、その先は谷です。谷あいにも家が何軒か見えます。どの家の煙突からも煙が立ち昇り、細く、ゆっくりと谷を流れ、木々の枝の中に消えてゆきます。まだ葉を落としたままの枝は、互いにもつれるように重なり合い、向かいの丘の斜面を春霞のようにうっすらとおおっています。道の反対側の、谷を見下ろす一段と高いところにも家が建ち並んでいますが、それ程たくさんではありません。しかしどの家も、入り口には薪がうず高く積み上げられています。どちらに目を向けても、昔のままの山間の里といった風情です。自然と人の温もりが溶けあった静かなうつくしい村。人のこころをなごめて、自然の懐に包み込んでしまうような村のたたずまい。ギムソンやバーンズリーたちが、ロンドンを離れ、なぜこの地を永住の地として選んだのか、その想いがそっと伝わってきました。

現在、「ビーチェインジャー」と「ザ・リーソーズ」は私道がつくられて、家の前まで行くことも出来ないそうです。ギムソンは藁葺き屋根の家を建て、家具製作で卓越した才能をみせたシドニー・バーンズリーは比較的大きな家を建てました。その家はゆったりと弧を描く低い伝統的な石塀に囲まれた、煙突が三本立つ家です。写真で見る限り、家の裏はこんもりとした森のように見えます。そして内装は漆喰の壁に、木の床、そしてオークと思われる白木の太い梁を幾本も流した天井をもつ家です。ノーマン・ジューソンの言葉を借りると「それはデザインにおいて完全に新しいスタイルでした……形のもつ優雅さが極度の素朴さと結びつき、うつくしさを強調している」家です。その表現に尽きると思います。

サパートン村の所有者、バーサースト卿は現在でも英国の長者番付で一、二を争うほどの大地主だそうで、サイレンセスターには広大な邸宅があります。彼はサパートン村がアーツ・アンド・クラフツ村になることを望んでいました。村には高い伝統の技をもつ大工、石工、鍛冶屋などが数多くいたからです。とりわけ車大工のリチャード・ハリソンはシドニー・パーンズリーの家具製作に大きな影響を与えた職人で、当時十人以上の職人を抱えていました。

そこでバーサースト卿はピンベリー・パークにいたギムソンたち三人をサパートン村に招いたのです。村から少し離れた所に建つ十四世紀の館デーンウェイ・ハウスを、補修することを条件にショウルーム兼工房として使うことも許可しました。一九四九年の写真を見ると、マナー・ハウスであったかと思われるほどの見事な石の館です。建築家ギムソンはこの館の修復から多くを学んだということです。

サパートン村の学校をとおり越し、人気のない長い田舎道を下り、すっかり廃屋となったかつての木工所の脇を通り、ようやくデーンウェイ・ハウスの前に辿り着きました。しかし鉄の柵がかたく閉ざされ、その遥か奥の館は屋根がちらりと見えるだけでした。かつては自由に中に入れたそうですが、時代は村の性格を変えてしまったようです。三人の建築＝工芸家がそれぞれ想いを込めて建てた家も、またこのデーンウェイ・ハウスも現在では週末を田舎で過ごす目的だけで買ったロンドン子の狭い了見のため、その外見を見ることすらも出来なくなったのです。バーサースト卿は村の活性化を計るため、都会の人々に家を売ったそうですが、活性化どころか、村人と交流をもとうとしない都会の人間に嫌気がさして、それ以上家を売ることは止めたそうです。

チッピング・カムデンのアシュビーにせよ、このサパートン村のギムソンたちにせよ、その地の住人を巻き込んで、一緒に行動しようとしました。チッピング・カムデンでは詩人のウォルター・デ・ラ・メアやジョン・メイズフィールドなど、アシュビーの友人も巻き込んで、村人に民謡やカントリーダンスへの興味を起させました。サパートン村でも、ギムソン夫妻が村人を招いて民謡やカントリーダンスの会をヴィレッジ・ホールで頻繁に催したのです。そういった村人との交流が階層という障壁を取り除きました。モリスを慕った芸術家たちの快挙でした。

『コッツウォルズにおけるアーツ・アンド・クラフツ運動』の著者、メアリー・グリーンステッドによるならば、アーツ・アンド・クラフツ運動と他の運動との決定的な違いは、それが社会道徳的な目的をもつものだということです。「ものを作るということだけに関心があるのではなく、それを生み出した社会、それをデザインし、生み出した人々全般、またそれらを買った人々すべてに係わりをもつもの」だということです。さらにアーツ・アンド・クラフツ運動にはコインの裏と表のようにセツルメント運動が伴うといわれています。労働の喜びとか、作り手のプライドなどといっても、働く場がなければなにひとつ意味がないからです。村がどんなにうつくしくても、都会からやってきた人々にそのような精神がなければ、村人と交流することもなければ、アーツ・アンド・クラフツの精神で建てられた価値のある家も、その外見さえも見ることができなくなるほどに私有物となってしまうのです。

ギムソンやバーンズリーは若き日にロンドンの古建築物保護協会やアートワーカーズ・ギルドでの集会で、モリスやフィリップ・ウェッブらに影響を受けました。一八九〇年にアーネスト・ギムソンとウィリアム・レサビーが中心となって、家具製造会社、ケントン&カンパニーを設立しましたが、一応の成功はみたものの、二年で閉鎖しました。デザイナーそれぞれの想いが異なっていたからです。シドニー・バーンズリーもその中にいました。しかしギムソンはその会社設立よりずっと以前の、一八八〇年代から田舎に移って仕事をしたいという夢がありました。バーミンガムで建築に携わっていたシドニーの兄、アーネスト・バーンズリーを説得し、仲間に加え、一八九三年サイレンセスター近郊のイーウェンに移りました。さらにそこからサパートン村の近くのエリザベス朝の建物、ピンベリー・パークに移りました。そこもバーサースト卿の領地内でした。一九一九年にギムソンが、そして一九二六年にバーンズリー兄弟が相次いでサパートン村で亡くなるまでの間、彼らの村への貢献は大変なものでした。

家具製作の天才、シドニー・バーンズリーは商品としての家具作りを嫌いました。アーネストも一九〇五年以降、家具作りはやめていましたが、アーツ・アンド・クラフツの華とも呼ばれる、ロドマートン・マナーの建設とその内装及び家具調度の制作に力を入れました。一九〇五年はギムソンとバーンズリーの協力関係が崩れた年でもありました。アーネスト・バーンズリーの最高傑作と言われるマナーは一九〇六年に着手され、一九二六年にはほぼ工事が終っていました。完成は彼らの死の三年後でしたが、マナーは純粋にバーンズリー兄弟の作品といえます。

いま現在、サパートン村にはアーツ・アンド・クラフツ運動が残したものは彼らが建てたり、補修したりした家やアーネスト・バーンズリーのヴィレッジ・ホール以外、なにも残っていません。一九一四年の大戦で職人たちが戦地に奪われ、制作中止を余儀なくされたのもクラフツ運動の完全な衰退の原因ともなったのです。こちらも短い命だったと言うべきでしょうか。外からハリー・デヴォル、パーシー・バーチェット、アーネスト・スミス、ピーター・ファン・デアー・ヴァールなどの熟練した職人が雇われて、この村にやって来ました。村の中からはアルフレッド・バックネルのような優れた金属工芸家もうまれました。短命という概念はどう定義したらよいのでしょう。チェルトナムのアート・ミュージアムに残されているアシュビーや、ギムソンやバーンズリーの仲間たちが残したみごとな作品群をみれば、作品のいのちは限りなく後世に伝えられ、彼らの採った行動の確かさが伝わってくると思うのです。

この地をはじめて二月に訪れてみましたが、冬というより春のほうが多く感じられました。空は陽がさすと抜けるような青さで、高く広がっています。でも雲は夏の終わりのように、手を伸ばせば触れることが出来るくらい低く、雲間から薄絹を流したような光が四方に散っています。鋤き返されたばかりの赤茶色の土は水を一杯に含んで、春の日の爽やかな土の香りをあたり一面に漂わせていますが、その隣には秋に刈り取られた麦の刈り株が枯れてすっかり白くなっています。その遥か彼方には緑の畑が広がり、トラクターが描いたU字型の畝跡が働く人の気配を感じさせます。二月はもう冬の中にしっかりと春が兆しを見せている月なのだとはじめて知りました。

モリスの言うように商業主義の手が伸びてきて、本来うつくしい筈の自然さえも危ないのはたしかです。この地域の過疎化がどこまで進むのかも判然としません。人間がいない自然をモリスは好きではないのです。人間も自然の一部です。人が人として活き活きと生活し、さらに緑の木々やなだらかな丘、そこを縫う流れ、そして歴史に支えられたうつくしい石の民家が存在するとき、そこがモリスの愛する土地なのです。

あとがき

こんな見事な本が出来ました。紀行文にプロの先生方の映像と音楽もつき、装丁も他の追随を許さないほどのうつくしさです。

出版事情が悪い中で、こんな本を出版していただけるとは、夢のようです。モリスに関する本なのですからうつくしい本を、と願ってきました。

このうつくしさの一端は、DVDがすべて協力してくださったみなさんの手作りというのと同じく、本文に入れたスケッチ画と手描きのマップのおかげでしょうが、さらに、そのスケッチ図をパソコンに取り込み、色調整をしていただいたという点にもあります。

スケッチ画とマップは友人の澤智子さんが描いてくださいました。この地域をなんども廻り、地形等もよく心得ている澤さんならではの地図と絵です。友情に感謝です。色調整は学生の伊藤貴子さんです。白馬の谷の磁力により、モリスと出会えたように、伊藤さんとは大阪芸術大学文芸学科のスクーリングで出会いました。出会いに感謝です。

そしてもうひとり、この企画の最初から一ヶ月にもわたり、運転の出来ない私を連れて精力的に全行程を廻って下さいました手塚直美さんに感謝します。三脚をもって、時にはお弁当まで作って廻って下さったことがこの作品のすべてのはじまりでした。言い尽くせない感謝を捧げます。澤さんと手塚さんの三人で旅したことも今は良い思い出です。

さらに映像や音楽をDVDという形にまとめるにあたり、DVD制作の方法を精力的に研究し、高い編集技術を駆使してくださった大阪芸術大学芸術計画学科の副手、肥田拓也君に感謝します。細かい作業はさぞかし忍耐のいる仕事だった事でしょう。

そう考えますとこの本もDVDもなんと多くの人たちに恵まれ、完成されたことでしょう。親しい友人や同僚たちの熱意と善意の結晶とも言うべき、かけがえのない作品で、生涯に一度だけ作り出せる類の作品かと思います。

最後にこの企画を喜んで受け入れてくださり、DVDともども出版してくださいました晶文社にこころより感謝申し上げます。とりわけ編集の島崎勉様にはこまごまとした指示を数多く戴き、その御苦労に限りない感謝の念を禁じえません。有難うございました。

平成十六年十月

ＤＶＤ制作者（順不同）

太田米男　大阪芸術大学映像学科教授　映画・日本映画史
七ツ矢博資　音楽学科教授　作曲法
池田光恵　芸術計画学科助教授　映像ディスプレイ・メディア・アート
芹澤秀近　芸術計画学科助教授　音楽工学
肥田拓也　芸術計画学科副手
南　祐子　演奏学科教授　ピアノ
青砥　華　演奏学科教授　ヴァイオリン
河野正孝　演奏学科教授　オーボエ
山本恭平　演奏学科助教授　フルート
角田知子　演奏学科非常勤講師　ヴィオラ
後藤敏子　演奏学科非常勤講師　チェロ
野口リサ　美術学科副手
井田純朋　映像学科副手
松村麻郁　映像学科卒業
中山敦世　映像学科卒業
齋藤公江　芸術学部助教授　英文学
Norman J. Angus
梅花女子大学文化表現学部教授　英文学

ウィリアム・モリス略年譜

年代	事項
1834	3月24日　ロンドン郊外のウォルサムストウで、裕福な証券仲買業者の家庭に生まれる。祖父の代からイングランドでビジネスを行なうウェールズ人の家系。
1840	一家はエッピングの森に隣接する館、ウッドフォード・ホールに転居。

年代	関連及び社会事項
1830	マンチェスター―ロンドン間に鉄道開設
1832	第一次選挙法改正 ヴィクトリア女王（位1837―1901）

1847　同名の父、ウィリアム死去。
1848　パブリック・スクール、モールバラ校に入学。一家はこの年ウォルサムストウのウォーター・ハウスに転居。
1851　学内騒動があり、モールバラ校自主退学。
1853　聖職者になるつもりでオックスフォード大学、エクセター・コレッジ入学。生涯の友となるバーン＝ジョウンズやチャールズ・フォークナー等と知り合う。ラスキンの著作を読む。
1854　北フランスのアミアンやルーアンの大聖堂等を訪れ感銘を受ける。コーメル・プライスと知り合う。ラファエル前派の存在を知る。

1846　穀物法廃止（自由貿易政策）
1848　ラファエル前派結成
フランス二月革命
マルクス・エンゲルス『共産党宣言』
1851　第一回ロンドン万国博覧会
ラスキン、ラファエル前派擁護。『ヴェネチアの石』第一巻出版

1855 21歳。成年となり遺産を相続する。バーン＝ジョウンズと共に再度フランスを訪れ、将来芸術家になることを確認しあう。
1856 同人誌『オックスフォード・アンド・ケンブリッジ・マガジン』発行。
「知られざる教会の物語」を1月号に掲載。建築家G•E•ストリートに弟子入りするが、間もなくロンドンでロセッティと知り合い、画家になる決意をする。
1857 生涯の友となる建築家、フィリップ・ウェッブと出会う。
ジェイン・バーデンと出会う。
1858 処女詩集『グウィネヴィアの抗弁』出版。
1859 25歳。ジェイン・バーデンと結婚。ウェッブの設計でケント州に新居「レッド・ハウス」を建てる。
1860 レッド・ハウス入居。
1861 長女ジェイン・アリス（ジェニー）誕生。物

1856 ラスキン『近代絵画論』第三、四巻
1859 ダーウィン『種の起原』
1860 ロセッティ、エリザベス・シダル（リジー）と結婚

語詩『地上楽園』の執筆をはじめる。
ロンドンでモリス・マーシャル・フォークナー商会発足。

1862 次女メアリー（メイ）誕生。第二回ロンドン万国博覧会で商会は金賞をふたつ得る。

1864 壁紙「雛菊」、「石榴、或いは果実」、「格子垣」

1865 レッド・ハウス売却。住居及び商会の工房とショールームはロンドンのブルームズベリー地区に移転。

1867 物語詩『イアソンの死』出版。

1868 物語詩『地上楽園』第一巻（第一部、第二

1862 ロセッティの妻、リジーの死

1863 ロンドン地下鉄開通

1864 ロセッティ「ベアタ・ベアトリクス」（モデルはリジー）に着手
オクタヴィア・ヒル住宅改善運動

1865 ラスキン『胡麻と百合』
第一次インターナショナル

1866 共有地保存協会設立

1867 マルクス『資本論』
日本―大政奉還

1868 日本―明治維新

部）出版。

アイスランド人、エイリクル・マグヌソンの協力で、アイスランド・サガの研究を始める。


1869 アイスランド・サガ『グレティルのサガ』をマグヌソンと共訳で出版。

この年、ジェインの体が思わしくないため、ドイツの温泉地バート・エムスでの療養に付き添う。

11月、『地上楽園』第二巻（第三部）出版

1870 マグヌソンとの共訳で、『ヴォルスンガ・サガ』出版。

彩飾手稿本作りに励み、詩集『詩の本』を生み出す。詩集はバーン＝ジョウンズ夫人、ジョージアナに贈られる。十二月、『地上楽園』第三巻（第四部）出版。

アグレイア・コロニオ夫人との出会い。尚、ジョージアナとアグレイアに宛てた1871年から74年までの手紙では、苦しいこころの内をこれらふたりの女性たちには全てさら

け出している。

1871 6月、ケルムスコット・マナーをロセッティと共同で借りる。
7月、アイスランドへの旅に出発。サガゆかりの地を廻り、9月帰国。
この間ロセッティとジェイン、そしてジェニーとメイはマナーに滞在。

1872 彩飾手稿本『オマル・ハイヤームのルバイヤート』を完成させ、ジョージアナに贈る。
物語詩『恋さえあれば』出版。モリス一家はロンドン郊外のターナム・グリーンに転居。
壁紙「ジャスミン」

1873 第一回目のアイスランドの旅日記を清書。ジョージアナに贈る。
第二回目のアイスランドの旅に出発。

1874 モリス40歳。ロセッティ、マナーの共同借地権を放棄。壁紙「柳」「葡萄」など。

1875 モリス・マーシャル・フォークナー商会解散、「モリス商会」として単独経営に乗り出す。

1871 労働組合法制定
日本─廃藩置県
フランス─パリ・コミューン
バーン＝ジョウンズ「ねむり姫」

1874 ロセッティ「プロセルピナ」（モデルはジェイン）

1875 リバティー商会創設

4月、フォークナーとウェールズの旅に出る。この頃から染色に没頭し始める。壁紙「マリゴールド」「アカンサス」など。

1876　サウス・ケンジントン博物館（後のヴィクトリア・アンド・アルバート、V&A）付属美術学校の審査員に就任。

10月、この頃から政治的発言を公的に行なうようになる。ブルガリア問題に引き続き、東方問題協会に関り、協会の財務委員となる。

長女ジェニーはこの頃から癲癇の発作を起すようになる。チンツ「すいかずら」ほか。

1877　オックスフォード大学詩学教授のポストを勧められるが辞退。

古建築物保護協会（SPAB）設立。

モリス商会はロンドン、オックスフォード通りにショウルームを設ける。

講演「装飾芸術」壁紙「薔薇」「林檎」チンツ「スネイクヘッド」「石榴」他。

オックスフォードのクライスト・チャーチ・

コレッジのステンドグラス。

1878 モリス家はロンドンのハマースミスに転居、ケルムスコット・マナーに因んでケルムスコット・ハウスと命名。マナーとハウスは終の棲家となる。ハマースミスでタペストリー織をはじめる。

毛織物「鳥」「孔雀と竜」

1879 45歳、講演「民衆の芸術」「パターン・デザインの歴史」

ヴェネチアのサン・マルコ寺院の修復に関しSPABはタイムズ紙に反対を表明。

壁紙「ひまわり」織物「鳩と薔薇」「アカンサス」他。自作のタペストリー「キャベツと葡萄」

1880 講演「労働と喜び対労働と悲しみ」(生活の美)。ハマースミスからケルムスコットまで川舟で遡るはじめてのテムズ川の旅を友人や家族と行なう。

商会はセント・ジェイムズ宮殿の「玉座の

1878 オクタヴィア・ヒル等、カール協会設立

間」の内装を請け負う。


1881 講演「文明における建築の未来」、「芸術と大地の美」

商会はサリー州マートン・アビーで染色工場開始。

壁紙「セント・ジェイムズ」チンツ「鳥とアネモネ」他

1882 講演「生活の小芸術」チンツ「兎兄弟」

1883 民主連盟に加入。

オックスフォード大学、エクセター・コレッジの名誉フェローにバーン＝ジョウンズとともに選任される。

講演「芸術・豊かさ・富」「金権政治下の芸術」で社会主義者であることを公言する。

チンツ「苺泥棒」「イーヴンロウド」「ケネット」「こごめ草」他。

1881 ハインドマンらが社会民主連盟結成

1882 ロセッティ死去
ヴィクトリア女王エッピングの森を開放
センチュリー・ギルド創設

1884　50歳、講演「有用な仕事と無用な労苦」「芸術と社会主義」

アーネスト・ギムソンはこの講演でモリスの助言を得る。

講演「ゴシック・リヴァイヴァル」チンツ「ウォンドル」他。

1885　社会主義同盟結成。機関紙『コモンウィール』創刊。

物語詩「希望への巡礼者」を『コモンウィール』紙に連載開始。

1886　講演「芸術の目的」

物語『ジョン・ボールの夢』を『コモンウィール』紙に連載開始。

講演「初期イングランド」

1887　ホメーロス『オデッセイア』の韻文訳出版。

自作の社会主義劇「テーブルは引っくり返るそれともナプキンは目覚める」に娘メイと共に出演。

トラファルガー広場での大集会（血の日曜日）

1884　W・R・レサビーらがアート・ワーカーズ・ギルド創設

犠牲者アルフレッド・リネルの為の追悼詩「死の歌」。

1888 壁紙「柳の枝」タペストリー「森」他

第二講演集『変革の兆し』出版。エッセイ「手仕事の復興」

第一回「アーツ・アンド・クラフツ協会展」（会長ウォルター・クレイン）での講演「タペストリー織と機械織」、この展覧会でエマリー・ウォーカーの講演を聴き、タイポグラフィーと印刷術の問題に対し、更に関心を深める。講演「芸術とその生産者たち」後期ファンタジーの第一作目『ウォルフィング一族』出版。活字は『地上楽園』の試験版に用いたのと同じ、バーゼル・ローマン。

1889 エッセイ「楡の木の下で――田舎での随想」

ファンタジー『山々の根』

1890 ファンタジー『輝く平原の物語』

タペストリー「果樹園」「東方の三博士の礼拝」

1888 C・R・アシュビー、手工芸ギルド創設

1889 大日本帝国憲法発布。ロンドン港湾労働者ストライキ

1890 ケントン商会創設

1891　ハマースミスの自宅の近くに借りたコテッジで、ケルムスコット・プレス発足。『輝く平原の物語』は最初の出版となる。

『ユートピアだより』出版。

詩集『折ふしの歌』をケルムスコット・プレスから出版。


1892　サガ双書第一巻をマグヌソンとの共訳で出版。

サガ双書第二巻出版。

この年ケルムスコット・プレスから出版された本は以下の通り。

ラスキン『ヴェネチアの石』第二巻第六章、『ゴシックの本質』、『黄金伝説』三巻、モリス詩集『グウィネヴィアの抗弁』、物語『ジョン・ボールの夢』他。

1893　講演「理想の書物」、「古と近代の印刷本」、更にアーツ・アンド・クラフツ展での講演「書物の印刷について」。サガ双書第三巻出版。
ケルムスコット・プレス出版は『狐のレナードの物語』『シェイクスピア詩集』『ユートピ

アだより』『ロセッティ詩集』モア『ユートピア』テニソン『モード』ほか

1894 60歳、エッセイ「中世彩飾手稿本覚書」「いかにして私は社会主義者になったか」
ファンタジー『世界のかなたの森』サガ双書第四巻
ケルムスコット・プレスの出版は他に『キーツ詩集』スウィンバーン『カリュドンのアタランタ』。

1895 アングロ＝サクソン詩のモリスによる翻訳『ベオウルフ物語』をケルムスコット・プレス版で出版。
この年『デイリー・クロニクル』紙に宛て、「エッピングの森の木の伐採」に関する抗議の手紙を四月、五月に計二回投稿。五月にはフィリップ・ウェッブらとエッピングの森伐採状況調査のため、森を訪れる。イートン・ヘイスティングス村の、イートン堰の水門番小屋の保護を訴える手紙をテムズ川管理委員

1895 ザ・ナショナル・トラスト協会設立

会に送る。

ファンタジー『チャイルド・クリストファーと麗しのゴルディリンド』出版。

エッセイ「テムズ川上流の古い館をめぐる世間話」発表。

ピーターバラとチチェスターの大聖堂修復案反対をそれぞれ『デイリー・クロニクル』と『タイムズ』紙に投書。エッセイ「十五世紀のウルムとアウグスブルグ木版本の芸術的特性について」。

サガ双書第五巻『ヘイムスクリングラ第三部』出版
ケルムスコット・プレス版は、『イアソンの生と死』ロセッティ『手と魂』『コウルリッジ詩集』など。

1896 広告宣伝の濫用抑制のためのスピーチが公の場での最後の発言となる。
ケルムスコット・プレス版は、ファンタジー『世界の果ての泉』『チョーサー作品集』。

7月、健康悪化、転地療養のためノルウェーに行くが効果なし。

ファンタジー『ひき裂く川』の最後の部分を秘書のコッカレルに口述筆記させる。

10月3日、逝去。

10月6日、ケルムスコット村、セント・ジョージ教会の墓地に埋葬。

ケルムスコット・プレス版は他に『地上楽園』全八巻等。

　モリス亡き後もケルムスコット・プレスは出版を続け、ファンタジー『不思議なみずうみの島々』『ひき裂く川』のあと最後の本として『ケルムスコット・プレス趣意書』を出版。

著者について
齋藤公江（さいとう・きみえ）
大阪芸術大学助教授。英文学。
ウィリアム・モリス協会終身会員。
英国ザ・ナショナル・トラスト協会会員。
日本及び関西ナショナル・トラスト協会会員。
著書
『ビデオ紀行　英国からの手紙』（共著）
『もっとよく知るブリテン島』（共著）
『現代詩をあなたに』（共編著）
（いずれも朝日出版社）

モリスの愛《あい》した村《むら》
イギリス・コッツウォルズ紀行
二〇〇五年四月一〇日初版
著者　齋藤公江
発行者　株式会社晶文社
東京都千代田区外神田二-一-一二
電話東京三二五五局四五〇一（代表）・四五〇三（編集）
URL http://www.shobunsha.co.jp
中央精版印刷・美行製本

ウィリアム・モリス・コレクション［全7巻］

壁紙や織物のデザイナーとして、詩人として、ケルムスコット・プレスの創始者として、社会主義運動家として知られるモリスは、その晩年に書いた物語群によって、ファンタジー文学の未踏の原野をきりひらいた。百年後の今日、ますます光彩を放つ、その文学的冒険の精髄を全7巻にまとめて贈る。**（全巻完結・好評発売中）**

世界のはての泉［上下巻］　川端康雄、兼松誠一訳**［本邦初訳］**

この世のはてにあるという神秘の泉をもとめて冒険の旅に出た若き王子ラルフ。永遠の命と真実の愛を探究する長い旅と故郷への帰還を描くモリス・ファンタジーの最高傑作。

輝く平原の物語　小野悦子訳**［本邦初訳］**

海賊に誘拐された婚約者のホスティッジをさがして「輝く平原」をめざす大鴉一族の青年ホールブライズ。モリスの生涯のテーマ「地上の楽園」をめぐる愛と冒険の物語。

不思議なみずうみの島々［上下巻］　斎藤兆史訳**［本邦初訳］**

邪悪な魔女に誘拐された少女バーダロンは、ある日意を決して小舟で逃走する。自由と愛と幸福をもとめる、ひとりの少女の精神的成長の軌跡をたどる傑作ロマンス。**品切**

アイスランドへの旅　大塚光子訳**［本邦初訳］**

終生愛してやまなかったアイスランド・サガゆかりの地をポニーの背に揺られ旅する、精彩に富む旅行記。モリスの生涯の転機となった貴重な旅の記録。**品切**

ユートピアだより　川端康雄訳**［新訳］**

革命すでになり国家が廃絶された22世紀のロンドンを旅する「私」が見たものは……。モリスの理想があますところなく注がれた、ユートピア・ファンタジーの金字塔。

ジョン・ボールの夢　横山千晶訳**［新訳］**

ある朝目をさますと、14世紀の農民反乱のただなかにいた。中世の民衆文化をみずからの創造の糧としたモリスならではの歴史感覚あふれる夢物語。短編「王様の教訓」併録。

世界のかなたの森　小野二郎訳

謎の三人連れに誘われて不気味な森にさまよいこんだ若きウォルター。騎士道物語の冒険と栄光、妖精譚の魅惑と神秘を見事に結びつけた、ファンタジー文学の古典。